TRAITÉ
DE L'ÉDUCATION
DES FEMMES.

TOME PREMIER.

TRAITÉ
DE L'ÉDUCATION
DES FEMMES,
ET
COURS COMPLET
D'INSTRUCTION.

TOME PREMIER.

A PARIS,
De l'Imprimerie de Ph.-D. Pierres,
rue Saint Jacques.

M. DCC. LXXIX.
Avec Approbation & Privilége du Roi.

PROSPECTUS.

Nous ne nous arrêterons pas ici à faire valoir les avantages d'une Education plus rapprochée de la nature, plus motivée par la raison, plus propre enfin à assurer le bonheur ; nous présumons qu'ils sont généralement sentis. Depuis nombre d'années on entend répéter que cet objet est un des plus dignes de l'attention des Gouvernemens; on voit les Puissances étrangeres s'en occuper, & les Gens de Lettres ne rien négliger pour encourager à cet égard, le talent & l'émulation. Les Femmes elles-mêmes ont écrit, les Meres ont lu : mais quels fruits ont-elles pu recueillir de tant de préceptes isolés ? Les hommes nous aiment ou trop, ou trop peu, pour s'occuper de nous d'une maniere qui nous soit directement utile. Il nous a donc fallu le courage de braver à la fois, la sévere censure de leur sexe, eh! le dirai-je, l'envieuse critique du nôtre.

Mmes de Beaumont & de L*** ont osé franchir le premier pas : c'étoit une route difficile à frayer. Que de détails nécessaires, mais arides, mais ennuyeux! On ne sauroit assez louer leurs efforts, & je leur dois encore un aveu; c'est que peut-être sans elles, rebutée par ces essentielles minuties, jamais je n'aurois eu ni la force d'entreprendre, ni la patience de poursuivre le Traité que j'offre au Public. J'ai lu leurs Ouvrages, je leur ai rendu justice : mais je me suis estimée heureuse de pouvoir laisser derriere moi tout ce qu'il auroit été superflu de répéter. Ces Dames ont écrit pour les Enfans; je voulois écrire pour les Meres; causer avec elles sur leurs devoirs, les leur adoucir, pour les leur rendre plus chers, & forcer leur propre sentiment à donner plus d'action à la vérité. C'est une carriere nouvelle, & qui n'eût pas été indigne d'un Philosophe.

L'art d'instruire les Femmes, renferme

avec lui le talent de leur plaire. Difons plus; l'art de perfuader n'eſt rien pour elles, ſi on ne les intéreſſe. C'eſt à leur cœur qu'il faut parler, pour rendre leur eſprit attentif : qu'on leur apprenne enſuite à connoître leurs forces; qu'on leur applaniſſe les premieres difficultés, elles exécuteront. Cette préſomption avantageuſe fondée ſur l'eſtime qu'elles méritent, m'a enhardi à entreprendre l'un & l'autre.

O Meres ! quelque beſoin que j'aie de votre ſuffrage, c'eſt moins votre indulgence que je réclame en ce moment, que vos véritables intérêts ; ſi je vous les ai découverts ; ſi je ſuis parvenue à métamorphoſer vos ſoins en plaiſirs ; ſi, par la tolérance la plus étendue je vous ai ménagé plus de jouiſſances, que je ne vous ai enlevé d'objets de diſtractions ; il y auroit de la foibleſſe à le taire, vous me devez certainement autant de bienveillance que votre ſituation m'inſpire de zèle. Je me compare à la foible ſource qui facilite l'abondance, mais je vous regarde comme la terre féconde qui devez enrichir l'univers. Ecoutez feulement; vous ferez mieux que je n'ai fû dire.

Ces dons que vous avez reçus de la Nature, la beauté, les graces, les talens unis à l'efprit & aux vertus, font des tréfors qui fe partagent fans s'épuifer. Qu'entre vos mains ce foit déformais le *feu facré*, jadis confervé par les plus dignes d'entre vous. Aujourd'hui, plus de vérités emblématiques, elles font toutes dévoilées, plus de ces maximes farouches propres à retrécir l'efprit, à amortir le fentiment, le triomphe de la philofophie eft d'avoir fu montrer la vertu aimable. Nos préceptes font donc d'autant plus fûrs, qu'ils font ramenés à des principes plus vrais & plus doux.

On ne vient point vous propofer de vous immoler au falut de la génération future. De trop grands facrifices reftent fouvent infructueux. Le Romain qui crut fe dévouer pour la patrie, n'en fut pas moins perdu pour la République, & nous ne voulons rien perdre, pas même un de vos agrémens. Cependant, on ne peut vous promettre qu'au milieu de tant de fleurs, il ne se rencontre pas quelques épines. Il n'a pas toujours été possible de sauver constamment l'amertume de certaines vérités : j'en avois de fâcheuses à dire à ces Femmes que l'âge le plus mûr retrouve encore amusées par les hochets de l'enfance. Néanmoins, on ne peut se dissimuler qu'il en est souvent d'elles comme de ces glaces placées à contre jour; c'est parce qu'on a manqué de moyens que ces Femmes ont manqué de lumière. Nous croyons l'avoir suffisamment démontré dans le Discours préliminaire de cet Ouvrage.

La premiere Partie paroîtra peut-être trop concise ; mais qu'auroit-on pu offrir de neuf ? il ne restoit qu'une application générale à faire des choses qu'il n'est plus excusable d'ignorer.

La seconde Partie qui conduit l'enfance depuis sept ans, jusqu'à quatorze, est plus étendue, parce qu'elle embrasse à-la-fois plusieurs objets d'instruction, quelques idées de réforme dans l'Éducation des Couvens, & une méthode commune à l'Éducation publique comme à l'Education particuliere. D'ailleurs, il importoit de ne pas borner les préceptes à un plan unique qui n'auroit pu convenir qu'à des enfans pris dès le berceau. La génération que nous voyons croître, pour avoir participé aux anciennes erreurs, n'en demande que plus d'art & de soins.

Quant à la troisieme & derniere Partie, c'étoit un vaste champ ouvert à la Philosophie ; personne n'avoit encore daigné le parcourir. Vertus, vices, défauts, passions, qualités, amour du bien, maniere de l'exercer, tout sans doute a été défini, tout a été dit ; mais rien n'avoit été rapproché. Personne ne s'étoit imaginé d'établir entre les moyens & les préceptes cet accord, qui, des détails de l'Éducation, fait une seule action principale de vingt ans de durée. On avoit également négligé de *s'emparer* des rapports qui existent entre la morale, l'instruction & le bonheur ; ces trois objets m'ont paru inséparables, j'ai cru qu'il falloit les faire marcher d'un pas égal. Orner l'esprit au profit du cœur, rendre les impressions de l'un utiles aux agrémens de l'autre; affermir le jugement qui les commande tous deux; allier beaucoup d'opposés; concilier l'énergie du caractere avec la douceur, & prouver que tous ces miracles peuvent s'opérer par le seul empire d'une raison bien exercée.

Meres, qui doutez encore, ayez le courage de lire, & vous nous jugerez. Les principes sont trop vrais pour que la marche ne soit pas très-simple. Vos Filles ne seront point parfaites, l'humanité ne le comporte pas. Mais la Nature semble dire aux êtres dont on n'a pas encore énervé l'ame : Mes enfans, *Voilà de l'or en profusion, ne vous inquiétez pas de l'alliage, il a toujours son cours dans le commerce.* En effet, chacun de ces défauts qu'on nomme *naturels*, peuvent mener à une qualité. L'amour-propre peut aider à planer au-dessus de mille petitesses; la vanité peut éloigner des choses vaines; l'orgueil peut tourner en fierté utile ; le defir de plaire en bienveillance. C'eft la grande diftinction qu'établit le difcernement entre les défauts qu'entraîne la foibleffe humaine, & les défauts qui naiffent du vice de l'éducation actuelle : ceux-ci *dégradent* le caractere, tandis que les autres le *marquent* ; & le malheur le plus grand, le plus commun peut-être, eft encore celui de refter fans caractere. Meres & Femmes n'ambitionnez rien au-deffus de vos forces ; mais *aimez* feulement une bonne fois : *aimez ce qui plaît plus d'un jour.* Ce vers d'un Auteur charmant, renferme une leçon profonde : un fentiment puiffant vous preffe de l'écouter. Sans avoir jamais cherché à vous attendrir, j'avoue qu'en vous faifant parler, mon cœur plufieurs fois s'eft furpris, véritablement ému : & lorfque j'ai terminé cet Ouvrage par des avis généraux adaptés aux circonftances les plus intéreffantes de la vie, aux obligations les plus rigoureufes d'une Femme dans l'intérieur de fa maifon ; je me fuis flattée que c'étoit vous rendre la pratique des devoirs plus facile. Quand l'amour de la gloire est le précieux effet de l'amour du bien, on se livre bientôt à l'un avec passion, & l'on s'abandonne à l'autre avec complaisance.

Ce plan au surplus a déja servi de regle à une Mere de famille, aussi éclairée qu'aimable. Digne elle-même de donner des leçons, je l'offrirois avec empressement pour modele, si sa modestie me permettoit de la nommer. Mais sa réputation est au-dessus de cet éloge : je lui dois des observations délicates sur toutes les difficultés que des conseils seuls n'auroient pas suffisamment appris à surmonter. Mere tendre, amie sincere, femme trop sensible pour ne pas être éloquente, elle a su faire passer dans mon ame l'enthousiasme nécessaire pour completter une aussi grande entreprise que celle d'un cours d'instruction. C'est le propre de l'amitié de donner à la fois du ressort & de la confiance : j'avois tout ébauché, j'ai tout poursuivi.

Un Volume d'environ quatre cens

pages renferme le Traité de l'Education.

Deux Volumes d'environ quatre à cinq cens pages chacun, contiennent un Discours préliminaire ; des Avis sur la santé ; quelques notions relatives aux principes les plus simples des fonctions de tous les organes & aux diverses opérations des sens ; ils renferment encore différens Extraits raisonnés & en forme d'analyses, tant sur la nature des idées que sur quelques objets de Métaphysique, & un Cours complet de Physique expérimentale puisé dans les ouvrages de l'Abbé Nollet.

Quant à la Grammaire & la Géographie, j'ai indiqué des Abrégés que je n'aurois pu faire ni plus courts, ni moins secs.

Il restoit l'Histoire qu'il est bien difficile que la jeunesse ne trouve pas rebutante, soit par ses longueurs, soit par l'aridité de la Chronologie : peut-être ai-je été assez heureuse pour l'avoir entrevue sous une forme presque neuve, sous un plan sur-tout très-propre à étendre les idées, à claffer les faits, à y joindre des connoiffances de différens genres, & à leur allier un peu de Philofophie. Mais il eft fi rare d'écrire l'Hiftoire avec la dignité qu'elle exige, que je n'ai pas dû m'en fuppofer le talent. Il m'a paru plus modefte d'intituler cet Ouvrage : *Extraits hiftoriques, rapprochés de maniere à former un corps d'Hiftoire.* Un Difcours préliminaire rend compte de mon plan, de mes vues, & des fources dans lefquelles j'ai puifé. Je l'ai dit; quelquefois j'ai tranfcrit ; plus communément, j'ai refondu le ftyle. Lorfque le fujet m'a fourni des tableaux, des réflexions, des portraits, des paralleles, j'ai ofé oublier mes maîtres. Ces aveux, comme l'on voit, ne me laiffent d'autre mérite que celui de l'ordre, du choix & des tranfitions.

Je n'ai dit qu'un mot des Gaulois, des Germains & des Francs ; de la deftruction de l'Empire Romain & de l'établiffement du Chriftianifme. J'ai gliffé auffi rapidement fur les commencemens de la Monarchie. Il ne falloit ni se perdre dans la nuit des tems, ni s'appesantir sur des guerres inutiles, sur des faits douteux. Les mœurs, les usages, les loix, le gouvernement, la naissance, la progression de la politique, les intérêts des Nations, la révolution des Empires & leurs causes, voilà ce qui m'a particulierement attachée. J'ai cru que pour bien traiter l'Histoire, il falloit la voir en grand, & que celle de son pays devoit être considérée comme un point, auquel il étoit indispensable de faire correspondre toutes les autres. Dans ce principe, j'ai placé successivement à différentes époques des tableaux de l'état de l'Europe. Ces tableaux fixent également dans chaque pays, les progrès du Gouvernement, des Arts, des Sciences, des connoissances humaines, des découvertes utiles, & classent les grands Hommes de chaque siecle. Cette variété soutient l'intérêt; d'ailleurs elle doit rendre de l'attrait à une étude qui, jusqu'à ce jour, a été pour la jeunesse l'écueil du courage & de la curiosité. Il ne faudra donc plus lire des Bibliothéques entieres. Les Femmes, les jeunes gens & beaucoup d'hommes du monde, pourront se croire suffisamment instruits, avec ce précis des meilleurs Auteurs. Insensiblement on verra l'Education devenir facile & brillante. Une gaieté plus aimable, plus soutenue, remplacera la triste apathie de l'ignorance; & un jour enfin la Philosophie, qui prête tant de charmes à la vertu, pourra s'enorgueillir encore d'avoir su prêter de nouvelles graces à la beauté. Telles sont du moins les heureuses conséquences qu'on ose se promettre d'un travail aussi étendu.

A V I S.

On avoit d'abord eu le projet de proposer cet Ouvrage par Souscription, & toutes les permissions nécessaires avoient été obtenues. Mais en y réfléchissant, on a senti que c'étoit mettre le Public à une sorte de contribution; il a paru plus honnête d'essayer son goût, d'attendre son jugement & de mesurer ses démarches sur son accueil. Si ce premier Volume a le bonheur de lui plaire, on s'empressera de lui offrir successivement les Volumes suivans. Cependant on ne l'entreprendra qu'autant que les Personnes qui désireront la suite, voudront bien se faire inscrire chez l'Imprimeur de cet Ouvrage. Cette démarche est réclamée comme un encouragement, d'ailleurs on déclare ici qu'elle n'engage à rien. Les Personnes qui habitent la Province pourront également écrire, en affranchissant les Lettres, & ce sera sur cette liste générale qu'on se réglera pour le nombre d'exemplaires à tirer. Ceci n'est ni une spéculation d'intérêt, ni un objet de vanité; il s'agit simplement de ne se donner les soins qu'exige une pareille entreprise qu'autant que le Public paroîtra trouver l'Ouvrage utile.

AVERTISSEMENT *.

UNE Femme sensée est un trésor ; je le possede dans la mienne, & je n'ai pu me refuser au desir qu'elle partage avec moi, de contribuer à faire goûter, ce bien précieux aux autres. Ses idées sur les inconvéniens de l'Education actuelle m'ont paru si justes, les moyens qu'elle emploie journellement pour y remédier, si faciles & si bien ordonnés, que je l'ai engagée à entreprendre ce travail. Ce ne fut point la vanité d'écrire qui la détermina, c'est un motif bien plus rare, sa complaisance pour son mari, & peut-être la vue de se former un plan, qui assura sa méthode. La gloire d'avoir une femme, auteur & bel esprit, m'eût

---

* On auroit desiré que le style pût être aussi correct, que les régles de la langue l'exigent ; mais l'Auteur n'a pas cru y devoir sacrifier certaines expressions, certains mots qui n'auroient pu se remplacer que par des périphrases ; l'énergie lui a paru préférable encore, à une grande exactitude. Cependant par respect pour les gens qui ont le droit d'être séveres, on a souligné ces mots, & on a prié l'Imprimeur de les mettre en lettres italiques.

AVERTISSEMENT.

sans doute paru un ridicule, si je ne me fusse promis le secret, & si l'utilité publique, ne méritoit pas de prévaloir, sur nos préjugés particuliers. On ne me connoîtra donc jamais que sous le nom que j'emprunte à cause d'elle ; on ne la connoîtra jamais à cause de moi ; mais ce Traité ne pouvoit être bien fait que par une Femme : leurs secrets sont trop bien gardés & trop distincts des nôtres ; la finesse des nuances nous échapperoit. Il est d'ailleurs un langage simple qui va au cœur ; leur sensibilité le rend quelquefois sublime, & notre prétendue force ne peut atteindre là, ou du moins ne sait pas s'y arrêter. Sur quelques autres objets, j'aime à croire qu'elle a eu besoin de mon expérience ; qu'elle s'est fait un plaisir de recourir à mes lumieres : liés par l'hymen, plus étroitement unis par le sentiment, cet Ouvrage est celui de deux êtres heureux, qui se sont communiqués ame & pensées : enfant du bonheur, je souhaite qu'il prospere.

Le Baron DE H. V. L.

DISCOURS
PRÉLIMINAIRE.

Les hommes cherchent à devenir meilleurs, à mesure qu'ils deviennent éclairés. Les sciences agissent sur l'esprit, l'esprit à son tour fait mouvoir le cœur : c'est sans doute à cet heureux concours de lumieres, de connoissances acquises, & de vérités senties, que nous sommes redevables de ce nombre d'ouvrages, qui ont paru depuis quelques années sur l'Education.

Mais qu'il me soit permis de l'observer; envain s'efforcera-t-on de réformer l'éducation des hommes, si l'on ne travaille en même-tems, à créer un autre plan d'éducation pour les femmes : la maniere dont on semble les abandonner, me persuade qu'on n'a pas encore assez senti, combien leurs mœurs influeront toujours sur celles des hommes.

Dans tous les siecles les Femmes ont causé de grands maux: dans tous les siécles elles ont pu faire, & elles ont fait du bien. La grandeur d'ame émane toujours de la bonté; lorsque tout est bon dans un Etat, tout concourt au grand, & chacun aspire à en donner l'exemple: sans cet heureux accord d'émulation pour le bien, que voit-on? Des éclairs, des feux passagers qui étonnent, qui éblouissent; mais malheur au peuple que les bonnes, les belles actions, ce qu'on appelle les grandes vertus surprennent; il suffit qu'elles pénétrent l'ame. Aujourd'hui on compte les hommes illustres; autrefois, (& l'on sait de quel tems je veux parler,) on comptoit les foibles, les lâches; ils étoient presque rangés au nombre des méchans. Alors les hommes respectoient assez leurs meres, aimoient assez leurs femmes, pour s'appliquer à rendre leurs filles estimables. Photion en montrant sa femme & ses enfans disoit, « *voilà tous mes trésors* ». Il fut de même des Nations qui, en montrant leurs femmes rassemblées, auroient pu dire, « *voilà les garants & les gardiennes de nos vertus* » : que ce spectacle devoit être touchant ! Espérons qu'il n'est pas impossible de le voir renaître. La nature nous offre toujours les mêmes secours ; tout ce qui sort de ses mains bienfaisantes restera bon, quand nous cesserons de gâter ses ouvrages. L'art mal employé, est peut-être le pere de tous les vices.

Au lieu de nourrir, comme l'on fait dans les Femmes, des idées pusillanimes ou fausses, qui les rendent tantôt timides jusques à la foiblesse, tantôt vindicatives jusques à la cruauté ; qu'on mette à profit la sensibilité de leur ame ; leur cœur sera bon, humain & vertueux : loin de laisser remplir leur tête de frivolité, d'en faire de grands enfans qui vieillissent dans l'adolescence ; qu'on cultive leur esprit, qu'on leur inspire le goût des choses solides, qu'on forme leur jugement, qu'on assure leur vertu par des principes ; qu'on substitue enfin des maximes à des préjugés ; bientôt leurs mœurs feront auffi épurées, que leur tact fera fûr. Alors fans beaucoup de travail, les hommes prendront naturellement une autre *maniere d'être*. Les fociétés particulieres de ces femmes, qui favent penfer & qui ofent s'occuper, en font des preuves parlantes; mais les fiecles paffés fourniffent des exemples plus frappans encore : pour nous les rendre fenfibles, remontons une feconde fois, à cette époque, de la grandeur de la Grece & de l'ancienne Rome. Quelle élévation, quelle nobleffe, quelles vertus mâles ne trouvoit-on pas chez les Femmes ? On eft forcé quelquefois d'admirer, comment ces paffions héroïques, affoibliffoient en elles, ce lien de la nature fi puiffant & fi doux : l'amour maternel. On vit dans ces tems plus d'une Spartiate demander, non pas, Mon fils eft-il vivant ? Mais avons-nous vaincu ?

Une Femme s'occupoit alors du falut de la patrie, elle s'intéreffoit à fa gloire. Lorfque Coriolan à la tête des Volfques affiege Rome, que toutes les reffources de la politique & de la clémence, font épuisées par le Sénat, celles du fentiment ne le font pas pour Valérie; fa fenfibilité fert à éclairer fon difcernement; elle envoie vers Coriolan fa mere, fa femme & fes enfans: voilà les armes qui le fléchiront, dit-elle, fi quelque chofe peut le fléchir. Elle ne fe trompoit pas; bien fentir, & bien voir, ne font fouvent qu'une même chofe.

Telles étoient les meres, les filles, les femmes de ces Fabius, de ces Manlius, d'un Regulus, & de tant d'autres dont le feul fouvenir éleve l'ame, échauffe le cœur, enflâme le génie: quels exemples pour nous! Héroïfme de fentiment de la part des unes, héroïfme de défintéreffement de la part des autres; voilà ce que produifoit *l'unité de vertu*. Ces grands hommes élevoient leurs femmes jufques à eux; leurs femmes veilloient à ce qu'ils reftaffent dignes d'elles.

Si ces exemples fe font offerts d'abord à mon imagination, qu'on ne préfume pas que la valeur dans les hommes, la sagesse dans les femmes, renferment précisément tout ce qu'on en peut exiger ; mais ce n'en est pas moins pour les deux sexes le premier *devoir d'état*, & je crois qu'il importe, d'en faire sentir de bonne heure les avantages, pour en inculquer plus sûrement l'amour.

Un homme brave, de cette bravoure raisonnée, que précede la réflexion, qu'accompagne la prudence, est à mes yeux un homme, nécessairement généreux; ferme dans ses résolutions, inébranlable sur tout ce qui intéresse sa gloire, il sait la préférer à la vie ; & les vues basses, les détours artificieux, n'entrent gueres dans l'ame d'un tel homme.

Une femme sage par principe, fait ce qui peut-être, est plus pénible que d'exposer ses jours : elle combat, elle surmonte le plus tendre penchant de la nature ; & une fois qu'elle sait maîtriser son cœur, quel empire n'acquiert-elle pas sur toutes ses autres passions ! Sa vivacité tempérée, par une continuelle attention sur elle-même, rend son commerce plein de douceur, d'aménité & de droiture: qui n'a point de vices à cacher, trouve du plaisir à rester vraie. Sa sensibilité n'est point absorbée par un seul objet; toutes les avenues de son ame sont ouvertes à l'amitié, & la bonté acheve de remplir la place, qu'eût occupée dans son cœur, une des passions la plus difficile à vaincre. C'est ainsi que de la valeur & de la sagesse, (ces vertus qu'on regarde comme personnelles) naissent encore plusieurs qualités estimables, qui forment les plus doux liens de la société.

Mais qu'on est loin de donner aux Femmes, des notions justes des devoirs, qu'on exige qu'elles remplissent! En naissant elles apportent le don de plaire; avec le lait, elles en sucent le talent: pourquoi les avoir réduites à en faire un art? C'est-là l'origine, de tout le mal qu'elles font; c'est la cause premiere de tous les malheurs, qu'elles attirent sur elles-mêmes. En sortant des mains de la nature, elles sont si belles, leur ame est si bonne, leur cœur si tendre, leurs graces si naïves, leur innocence si touchante ; comment se peut-il que rien de tout cela n'intéresse, qu'au moment, où souvent il ne leur reste plus que le funeste présent de la beauté ? Cette premiere Education qu'on reconnoît enfin si importante, pourquoi l'abandonner au hazard ? Des leçons de mensonge, de dissimulation ; des exemples dont le moindre souvenir, laisse toujours de pernicieuses impressions ; voilà ce que les gouvernantes suggérent aux enfans, sans le savoir. Une mere, entiérement occupée de ses plaisirs, entre peu dans ces détails : quelques gentillesses, déjà preuves d'artifice, satisfont sa vanité ; elle prend ainsi le change, sur ce que devroit lui dicter le sentiment, & elle se persuade avoir veillé à l'Education de ses filles. Mais poursuivons, & examinons celle qu'on donne, dans les Couvents.

Des filles presque toutes élevées dans le cloître, consacrées par état au jeûne & à la priere, sans aucun usage du monde, sans connoissance de ses dangers ni de ses devoirs ; des filles pieuses souvent remplies de minuties, formeront-elles jamais des meres tendres, des épouses respectables, de vraies amies ; des femmes enfin, qui sachent partager leur tems, entre les plaisirs honnêtes & les occupations solides ? Ne l'espérons pas : l'ignorance ne produit que l'erreur ou le fanatisme.

On éprouve encore qu'une Education négligée, a des suites bien moins dangereuses, que celle qui porte sur de fausses maximes ; telle est précisément l'Education que donnent la plûpart des Meres, qui croient renchérir sur les principes qu'elles ont reçus. Toutes les vertus sont pour elles des médailles à deux faces ; d'un côté, elles voyent combien il est à desirer qu'il y ait des hommes vertueux, par l'avantage qu'on peut tirer de la vertu des autres : mais quelque chose de plus piquant encore pour elles, c'est la facilité de trômper impunément, à l'aide d'une réputation qui en impose, & elles profitent de tout avec adresse.

Le progrès rapide que les Femmes font

dans le vice, le degré où elles le portent à force de réflexion, démontrent assez, ce me semble, les ressources de leur imagination, l'activité de leur esprit, l'aptitude qu'elles pourroient avoir au travail; malgré leur légéreté apparente, la constance avec laquelle elles poursuivent ce qu'elles ont une fois entrepris, n'est-elle pas une autre preuve, qu'elles sont susceptibles de fermeté d'ame, de vues étendues, de combinaisons suivies? La force du génie peut leur manquer, mais la délicatesse, le feu de l'imagination en dédommageroit: pourquoi laisser enfouir tant d'heureuses dispositions, qui, le plus souvent, ne servent qu'à rendre les Femmes dangereuses? Moins coupables que foibles, victimes de l'ignorance, ou du dédain, des hommes de ces derniers siecles, à qui osent-ils aujourd'hui reprocher la corruption des mœurs? Les Femmes eussent-elles jamais amoli leur ame, énervé leurs sentimens, presque éteint l'amour de la gloire dans leur cœur; si ces arbitres de l'univers, eux qui ont fait les loix, qui ont réglé la politique, qui ont cru avoir pourvu à toutes choses ; si, dis-je, ils ne s'étoient mépris sur leurs véritables intérêts, en cherchant à nous abaisser, à nous rendre le jouet de leurs passions, à n'exiger de nous que des vertus factices ; & seulement, autant qu'il en falloit, pour assaisonner leurs plaisirs.

Qui méconnoît les droits de la nature & s'attache à les détruire, devient l'artisan de ses peines. Destinées par le Créateur à être pour les hommes, ce qu'ils devoient avoir de plus cher ; tenant à eux par les liens sacrés du cœur & du sang ; restant dépositaires de leur enfance, de ce temps précieux, où se jettent les premiers fondemens de l'Education, il ne se pouvoit pas qu'à la longue, nous n'aidassions à tout faire dégénérer en eux, force, mœurs & vertu.

Mais tous ces malheurs, n'attendent pour disparoître, que la seule réforme de l'Education. Il ne s'agit plus de s'étendre en vaines clameurs sur les maux actuels ; les préceptes sur ce qu'il conviendroit de faire, sont presque aussi inutiles; ce sont des moyens qu'il faut offrir : peut-être la gloire de les indiquer n'appartiendroit-elle, qu'à une Femme qui connoîtroit bien le cœur humain en général, & son sexe en particulier. Je ne puis me flatter ni d'être cette femme, ni de prescrire des régles invariables. Il est aussi impossible de tout prévoir, que de tout dire, & j'ai trop réfléchi sur la nature des divers abus, pour ne pas sentir, qu'il en est auxquels on ne remédiera jamais. Il faut souvent, malgré soi, céder aux tems, aux circonstances, & aux usages : qui veut les braver tous, n'obtient rien ; Monsieur Rousseau l'a éprouvé : mais il est du nombre de ces hommes célébres dont on desire faire oublier les erreurs; aussi me garderai-je bien de relever celles qui peuvent lui être échappées : trop heureuse si je parviens à éviter des écarts d'imagination que mon cœur désavoueroit, & si ce que j'ose entreprendre, n'est réellement pas au-dessus de mes forces.

Je diviserai ce Traité en trois parties;

selon les besoins de l'âge ; la nature semble indiquer elle-même cette division, par sa sage lenteur à perfectionner nos organes.

Depuis l'instant de notre naissance jusqu'à l'âge de sept ans, les enfans n'exigent que des soins purement relatifs à la santé & à la connoissance des inclinations, que les uns montrent plutôt, les autres plus tard : néanmoins il entre dans mes vues de leur laisser apprendre toutes les choses de mémoire, dès qu'il sera possible de leur en faire un jeu : avec cette précaution on ne courra point les risques de forcer les fibres encore molles de leur cerveau délicat, & ce sera autant de gagné pour un tems, dont l'emploi deviendra plus précieux.

Depuis sept ans jusqu'à quatorze, le principal objet doit être de travailler à empêcher le vice de naître, & à faire éclore le germe tardif des vertus : la Religion d'abord, ensuite les Arts, les Talens : les premiers élémens des Sciences, doivent aussi avoir leur place marquée suivant les dispositions du sujet.

La derniere époque depuis quatorze ans, eſt ſans contredit celle qui demande le plus de dextérité & de pénétration. C'eſt le moment de mettre le dernier ſceau à ſon ouvrage, en achevant de former le cœur, l'eſprit & le jugement. Nous nous ſommes ſur-tout appliqués à en faciliter les moyens ; mais les meres ſeules peuvent remplir cette derniere tâche. Les *Inſtitutrices* les plus éclairées, n'y emploiroient que le zèle de l'amour-propre ; & il remplaceroit mal le zèle de la tendreſſe, dont rien ne peut tenir lieu.

Tel eſt l'ordre que je me propoſe de ſuivre. Puiſſai-je remplir aſſez dignement tous les divers objets qu'il embraſſe, pour voir mes contemporains en recueillir quelques fruits ; alors ma ſeule ambition ſera ſatisfaite, & tous les vœux de mon cœur ſeront comblés.

TRAITÉ

TRAITÉ
DE L'ÉDUCATION
DES FEMMES.

PREMIERE PARTIE.

Des soins qu'exigent les Enfans depuis leur naissance jusqu'à l'âge de sept ans.

On a souvent agité deux grandes questions, sçavoir, s'il n'étoit pas contre l'ordre de la Nature de contraindre les mouvemens des Enfans en les serrant étroitement dans le maillot, & si l'*abus* de donner son Enfant à nourrir à une Femme mercenaire ne crioit pas vengeance contre l'amour maternel, & ne portoit point

Tome I. A

atteinte à l'amour filial ? Ces deux questions ont été si bien traitées, chacune en particulier, par MM. de Buffon & Rousseau, qu'il ne reste plus que des vœux à former pour voir abolir ces pernicieux usages.

Certainement la premiere Mére qu'on priva de nourrir son Enfant, dût ressentir une impression très-douloureuse. Je me la peints, cette malheureuse femme, au moment où pour la rassurer sur l'existence de son fils, on le lui montre pressant de ses mains & de ses levres le sein d'une femme étrangere. « Arrêtez, *s'écrie-t-elle*,
» il n'appartient qu'à sa mere de fournir
» à sa subsistance : c'est le vœu de la Na-
» ture, c'est sur-tout celui de mon cœur.
» Suppléer pour moi à ce devoir, c'est
» m'enlever le plus doux plaisir .... Vous
» me rendrez mon enfant, dites-vous, eh !
» me rendrez-vous sa tendresse ? ou elle
» s'affoiblira, ou vous me la déroberez. A
» quel titre oserai-je la reclamer ? Vous
» avez tout fait pour lui.... Ce n'est pas vo-
» tre lait seul d'ailleurs que vous lui donnez ;

» c'eſt votre caractere, c'eſt votre humeur,
» ce ſont vos paſſions qu'il ſuce : au con-
» traire, mon lait, en circulant dans ſes
» veines, porteroit un nouveau foyer de
» chaleur dans ſon ame, il ajouteroit au
» ſentiment que la nature y a gravé pour
» les auteurs de ſes jours ; ah ! laiſſez,
» laiſſez-moi en recueillir les premiers
» témoignages ».

C'eſt ainſi que dût parler cette excellente Mere, & ſûrement les autres Meres la plaignirent; mais bientôt il aura été reçu qu'un mari qui aimoit ſa femme, ne devoit plus la laiſſer nourrir ; de nouvelles repréſentations, n'auront produit que de nouveaux refus, & ces refus auront refroidi le zele. Depuis les Meres ont craint de rentrer dans leurs droits : l'amour des plaiſirs, la gêne, la contrainte, plus que l'intérêt de leur ſanté, les retiennent encore : il en eſt cependant quelques-unes qui entreprennent avec ſuccès de ſurmonter ces prétendus obſtacles.

Je queſtionnai un jour une de ces Femmes que le courage éleve au-deſſus du

préjugé ; elle me paroiſſoit bien délicate pour ſoutenir une ſi grande fatigue. « Je
» l'étois en effet, me dit-elle, mais
» ma ſanté, loin de s'affoiblir, ſemble ſe
» fortifier. Mille petits maux qui m'aſſié-
» geoient ſont diſparus. Je perdois mes
» enfans au maillot ; ceux que je nourris
» s'élevent ſans accident ; j'eſpere qu'ils
» m'en aimeront mieux, & je l'éprouve
» déja ; j'ai d'ailleurs l'avantage de ne pas
» les perdre de vue dès l'inſtant de leur
» naiſſance ; ils ſont libres dans leurs lan-
» ges ; j'ai toujours deux berceaux, dès
» qu'ils s'éveillent, on ne fait que les chan-
» ger de l'un à l'autre ; & comme on l'a-
» voit très-bien prévu, la douleur ſeule
» excite leurs cris ; on les ſoulage quand
» on le peut, mais je ne ſouffre pas qu'on
» cherche à les appaiſer par des careſſes,
» ni à les endormir en les berçant. Je ſuis
» à tous égards les préceptes que deux
» hommes célébres nous ont donnés, &
» j'admire tous les jours comment on em-
» pêche le caprice de naître : mes Enfans
» ne ſont point aſſujétiſſans. L'heure de les

» allaiter est réglée sur ma quantité de
» lait : l'habitude agit sur eux & sur moi ;
» la nature s'y conforme aussi plus aisé-
» ment qu'on ne pense : sans attendre
» qu'ils demandent le sein, on me les ap-
» porte au moment prescrit, & rien ne
» me gêne ; je sors, je m'amuse, j'entre-
» tiens ma gaieté, je me nourris sobre-
» ment, je fais de bon lait, mes Enfans
» se portent bien ; ils n'ont point d'humeur,
» point de volonté ; j'entrevois que leur
» éducation sera on ne peut pas plus
» facile. — Madame, continua affectueu-
» sement cette charmante Femme, je ne
» vous dirai point de vous arrêter à cet
» exemple, mais consultez votre propre
» cœur, écoutez ce qu'il vous dictera,
» & ne craignez rien pour votre santé ».

Que pourrois-je ajouter à cette conversation qui parlât mieux aux Meres, qui
leur présentât sous un jour plus favorable l'avantage qu'elles recueilleroient
d'une semblable conduite ? Biens réver-
sibles sur elles-mêmes, maximes certaines
pour la premiere éducation, inconvéniens

innombrables évités pour l'avenir ; tout est renfermé dans ce seul exemple : je ne puis que plaindre celles qui ne le sentiront pas, plus encore celles qui seront dans l'impossibilité de le suivre. Rien au moins ne peut les dispenser d'apporter la plus grande attention au choix des nourrices ; on en a vû les raisons, & mille autres dont le détail seroit superflu, doivent engager à ne leur laisser les Enfans que le temps nécessaire : c'est dans la maison paternelle & par les soins d'une mere qu'ils doivent apprendre à parler ; je voudrois qu'ils pussent à jamais ignorer qu'une autre les ait allaités : cependant qu'on se garde bien de leur inspirer du mépris pour leurs nourrices ; l'argent qu'elles ont reçu, dispense d'autant moins les Enfans de la reconnoissance, que ce service, lorsqu'il est bien rendu, ne peut pas se croire assez payé.

Les Enfans étant abandonnés aux Gouvernantes, au moins jusqu'à l'âge de trois ans, il seroit très-essentiel de s'assurer des mœurs & de la raison de ces femmes ; il faudroit qu'elles eussent assez d'intelligence pour lire tous les détails qui concernent la premiere éducation, & qu'elles en euffent reçu une affez paffable pour ne parler jamais qu'en bons termes à leur éleve : ce que l'on peut avoir à dire aux Enfans eft fi fimple, qu'il femble facile de ne pas s'écarter des regles du langage : cette attention pourroit difpenfer par la fuite de leur apprendre leur langue par principes, & leur rendroit infailliblement l'oreille délicate : il faut auffi les exercer fur la prononciation ; nombre de Femmes qui parlent gras ou qui bégayent, doivent cette difgrace bien moins à la nature, qu'au tort qu'on a eu de ne les pas habituer à bien articuler. Un Enfant à qui on ne donnera ce qu'il demande avec impatience que quand il parlera diftinctement, réuffira bientôt à fe faire entendre.

 Je ne répéterai point ici tout ce qui a déja été dit fur la meilleure maniere de conduire ce premier âge ; les Meres doivent en être inftruites, elles doivent l'enfeigner aux Gouvernantes ; je ne fçais rien à y ajouter : plutôt elles rapprocheront d'elles leurs Enfans, plus elles s'épargneront de travail; c'est en déployant la tendresse maternelle qu'on fait naître dans ces jeunes cœurs l'attachement & le respect; la nature les y dispose, mais la nature devient neutre pour le moral, dès qu'on néglige de la féconder : on se trompe en imaginant qu'elle imprime si fortement l'amour filial dans chaque être qui sort de ses mains, que les Peres ont tout à attendre & rien à faire : non, cette Mere sage parle bien plus encore à notre raison qu'elle n'agit sur nos cœurs : le sentiment le plus naturel est sûrement celui qu'éprouve une Mere; mais s'il reste sans action, les Enfans seront sans amour, parce que le leur ne peut être fondé que sur la reconnoissance.

Se souvenir quelquefois qu'on a passé par cet état qui sort à peine de l'*inertie*, savoir y redescendre souvent, c'est peut-être le moyen le plus sûr pour se dicter à soi-même ses devoirs. En se rappellant ces maux, ces peines, tous ces petits chagrins qui couvrent de nuages les premieres lueurs de notre difcernement, quelle eft la Mere qui ne s'empreffera pas de les écarter ? de même elle ne fe refufera guere aux délicieux élans d'une ame aimante, lorfqu'elle fe retracera la douce émotion que caufent, dès l'âge le plus tendre, ces touchantes careffes, ces larmes, ces inquiétudes, toutes ces tendres complaifances qui n'échappent jamais au cœur des Enfans formés pour être fenfibles. J'en ai vu un de neuf ans, au lit de la mort, confoler fon pere, l'exhorter du ton le plus pathétique à fupporter fa perte qui devoit être prochaine (*). S'il en eft dont le raifonnement foit auffi avancé, ne peut-on pas conjecturer qu'ils fentent tous de bonne heure le plaifir d'être aimés ? Plaifir premier qui toujours entraîne le retour, & produit cette crainte de déplaire, la feule qu'il foit néceffaire d'infpirer. L'enfance eft un état de dépendance pour lequel tout

―――

(*) M. le Duc de Bourgogne, mort à l'âge de dix ans, effuyoit ainfi les larmes de M. le Dauphin, en l'exhortant à recevoir fes derniers embraffemens avec fermeté. Quel moment pour un pere ! & combien un pareil courage eft fait pour augmenter les regrets !

est supériorité dans les êtres comme dans les choses; il est plus qu'inutile d'appésantir sur lui un nouveau joug. Aimez, sachez montrer que vous aimez, mais sans foiblesse, & vous serez chérie, respectée, obéie. Meres, à qui j'ose donner des conseils, ce mot si doux, dont les effets sont si précieux, doit être l'ame de toute bonne éducation, le premier ressort à faire mouvoir, & toujours le ressort dominant sur tous ceux que vous emploierez.

Les Enfans ne peuvent avoir de vice, mais ils ont le germe des passions; il se manifeste assez communément plutôt qu'on ne l'imagine, & souvent on aide à le développer : le système général qu'*il faut prendre les Enfans par leur foible*, est une maxime politique qui n'est applicable qu'aux hommes faits ; on en sent les inconvéniens par rapport aux Enfans : c'est des vertus qu'ils promettent dont il faut profiter, & non des défauts qu'ils annoncent. Il est une voie très-opposée & peut-être encore plus suivie qui n'est pas meilleure : les contrarier mal-à-propos parce qu'ils ont une propenſion à l'humeur, c'eſt les rendre acariâtres; les amener à nos volontés par menace ou par châtiment, c'eſt les rendre craintifs ſans doute, mais d'une crainte baſſe, & dès-lors celle de déplaire eſt perdue ſans retour.

Rien n'eſt ſi ſouvent en contradiction que ce que l'on cherche à détruire ou à édifier dans les Enfans : bercés avec des hiſtoires de Revenans ; les Parens, pour les enhardir, s'amuſent à leur faire des peurs dangereuſes, & ils reſtent non-ſeulement peureux, mais ſuperſtitieux. Malgré les ſoins qu'on prend plus ordinairement de fortifier le courage des garçons, tel homme qui expoſe ſa vie de ſang froid, a quelquefois des frayeurs, des notions, des prognoſtics qui l'affectent en dépit de ſa raiſon : effet déplorable des premieres impreſſions de l'enfance.

La crainte eſt de toutes les ſenſations celle qui rétrecit le plus l'eſprit : la peur ſuſpend les facultés de l'ame, altere l'imagination, ôte toute reſſource dans le danger : néanmoins, victimes dévouées à ces deux fléaux, loin de travailler à nous en affranchir, on a généralement trop d'indulgence pour ces foibleſſes *an-nexées* aux Femmes. Les moyens d'y fouſtraire les Enfans nous font indiqués, je n'en préſenterai pas d'autres : ce font toujours les premiers torts qui obligent de recourir aux correctifs ; mais c'eſt beaucoup de les ſavoir adminiſtrer ; il n'arrive que trop ſouvent de préparer le cœur à un vice quelconque, en voulant rectifier l'eſprit ; l'objet de l'émulation eſt un de ces écueils ; on loue un Enfant pour abaiſſer l'autre ; on croit les exciter tous deux par des motifs différents ; il n'en réſulte que de l'orgueil pour l'un, de l'envie, de la jalouſie pour l'autre : l'humilité ſe rebute, & l'on ne tire plus rien de ſes diſpoſitions qui, pour être tardives, auroient pu devenir heureuſes.

La ſource de toutes ces mépriſes a été dévoilée : on veut appliquer les Enfans avant qu'ils en ſoient capables ; on s'étudie à leur donner des leçons dans un âge où tous préceptes sont superflus, où il ne faut exactement que laisser agir la nature, suivre ses progrès, étudier les inclinations de ses Eleves. Le goût pour une chose, le dégoût pour une autre semblent naître avec nous ; ce sont ces *riens* en apparence qui décelent le caractere indélébile ; l'éducation le perfectionne, le refond peut-être à un certain point, mais elle ne le change jamais entiérement : l'essentiel consiste donc à savoir saisir ces différentes nuances qui multiplient à l'infini l'étonnante, l'admirable diversité dont chaque être offre à nos regards une nouvelle image.

C'est en laissant parler & agir les Enfans qu'on parvient à les deviner, à juger ce qu'ils deviendront. Tant que l'amour propre n'a pas établi son empire, l'ingénuité leur tient lieu de cette noble franchise qui doit la remplacer. Je voudrois que les Meres sussent goûter le plaisir de les voir long-tems simples & naïfs ; qu'on les aidât seulement pour les mots, jamais pour les choses ; qu'on satisfît leur curiosité naturelle par des réponses toujours vraies, toujours à leur portée; en un mot, qu'on n'excitât rien en eux; c'est assez, & quelquefois trop d'oser tirer parti de tout ce qu'ils annoncent.

Jusqu'à sept ans, il n'y auroit rien à leur apprendre, si l'on n'avoit pas trouvé la ressource des bureaux typographiques pour leur montrer à lire; cette méthode heureuse donne très-peu de peine; elle doit aider infiniment à bien retenir l'orthographe; il faudroit avoir le courage de s'en amuser avec eux; d'abord leur faire assembler les lettres qui composent les mots à leur usage, ensuite former des phrases entieres avec les points & les virgules : plus on simplifie l'éducation, plus on leur épargne d'études arides; la fureur est de multiplier les Maîtres; mon projet seroit d'en donner le moins possible. De même qu'on apprend à lire en jouant, je voudrois que, par une méthode à peu-près semblable, on montrât à bien lire la Musique, à chiffrer & compter; l'un ne présente pas plus de difficulté que l'autre,

& n'applique pas davantage. J'ai vu un Enfant de sept ans parler aussi bien l'Anglois que le François, parce que le pere & la mere ne lui ont jamais parlé que chacun une de ces deux langues (*). Il apprend sans effort à les lire ; plus tard, c'eût été pour lui un travail. L'enfance est un de ces momens présens dans lequel il ne faut voir que l'avenir.

Mais, me dira-t-on, en n'apprenant rien aux Enfans, pas même ces fables, ces petits contes par lesquels on a toujours cru exercer leur mémoire, vous voulez donc les rendre paresseux, en ne les corrigeant pas, les laisser volontaires ? Rien moins que cela, répondrai-je ; je ne veux point en effet forcer les fibres délicates de leur tête encore foible ; ce seroit leur enlever d'avance & en pure perte

---

(*) M. de Crébillon fils, est bien fait pour donner de la confiance dans cette méthode. On sait qu'il avoit épousé une fille d'une des plus grandes Maisons d'Angleterre, & qu'il en eut un Enfant. Le pere lui parloit en Latin, la mere en Anglois, les gouvernantes en François ; & M. de Crébillon m'a assuré plusieurs fois que cet Enfant, mort à huit ans, parloit très-purement ces trois langues.

tous les secours dont ils auront besoin un jour (*). Je ne prétends pas non plus blâmer ceux qui corrigent les Enfans, mais seulement ce qui a occasionné le besoin qu'ils ont de l'être, & la façon dont on s'y prend. Quand on le voudra, la tendresse maternelle suffira à tout, un baiser sera une récompense, la privation de ce baiser un châtiment ; gardons-nous de *blazer* les enfans sur la maniere de sentir. Prodiguer les caresses, infliger des peines

---

(*) On peut consulter ce qu'en dit M. Tissot, dans son Ouvrage intitulé : *La Santé des Gens de Lettres, Paragraphe* 45. En homme de génie qui voit tout en grand, il ne s'est pas borné à la pratique, il a voulu éclairer l'humanité sur la cause de ses maux, & il nous a démontré qu'en général ils ont leur source dans l'erreur de certains préjugés de mode ou d'usage, annexés aux différens états. Jusqu'ici les Médecins avoient écrit pour l'avancement de leur art ; par une marche toute nouvelle, M. Tissot essaye de nous apprendre à rendre cet art moins nécessaire ; & plus touché, dit-on, de ses succès, que flatté de sa célébrité, il poursuit ses travaux utiles que le Public exhalte ; mais sa patrie seule paroît l'honorer comme il l'honore ; & c'est dans le cœur de ses Concitoyens qu'il trouve de vrais autels. Heureux qui sait mettre ainsi le *bonheur* au-dessus de la gloire ! hommage en soit fait à celui qui le sent, & à ceux qui le procurent.

dures, c'est donner dans les *extrêmes* : le plus sage est toujours de calculer le moral d'après le physique. La délicatesse des nerfs & en général celle de tous les organes de ces petits êtres, nous est garant de leur sensibilité ; ne l'énervons pas, ménageons-leur au contraire le plaisir de sentir toujours vivement jusqu'aux petites choses.

Un Enfant pris ainsi par la douceur & la raison entend au seul ton de la voix. Ce n'est pas à la raison de notre âge qu'il faut présumer l'élever, c'est à la portée de la sienne qu'il faut descendre : jamais il ne concevra ce que signifie faire bien ou mal en quelque genre que ce soit, que vous ne l'ayez mis par l'expérience, dans la nécessité de le comprendre. Or, dès qu'on le peut, il importe de les amener tous à savoir ce qu'ils font, pourquoi ils le font, & ce qui doit naturellement en résulter.

Un Enfant veut toucher à tout : M. de Buffon nous en a démontré la cause ; elle exige de notre part un peu de con-

Tome I. B

descendance les premieres fois qu'il apperçoit de nouveaux objets : s'il casse un vase, profitez de l'occasion pour lui faire connoître la fragilité des choses auxquelles il pourroit toucher; apprenez-lui sur-tout qu'elles vous sont utiles, qu'elles vous font plaisir. Cette premiere instruction ne l'empêchera pas de casser encore ce que vous laisserez exprès à sa portée ; ne grondez pas, cassez-lui seulement, comme par maladresse, un bijou qu'il aime ; renversez-lui un château de cartes; ces petites épreuves lui donneront bientôt une idée du premier principe de justice : il prendra garde de ne pas faire aux autres ce qui l'aura affligé ; il vous fournira plus d'une fois matiere à renouveller ces *applications* simples ; mais que ce soit toujours sans aigreur. Montrer de l'humeur aux Enfans ou devant les Enfans, c'est presque leur en suggérer, & perdre une partie des droits que nous devons conserver sur eux, moins par une autorité absolue que par une infaillibilité apparente.

Les opérations de l'esprit des Enfans sont

très-lentes, ils conçoivent peu d'abord, mais ils voyent beaucoup ; trop foibles pour en abuser dans le moment, le souvenir qu'ils en conservent porte dans un autre temps un préjudice quelquefois irréparable à nos vues : s'observer soi-même & les observer scrupuleusement lorsqu'ils sont ensemble, voilà le grand art. C'est-là qu'on découvre dans les uns la pente vers l'esprit de domination, dans les autres des dispositions à l'envie, à la jalousie ; des petites impatiences, des mutineries, toutes ces miseres imperceptibles qui deviennent des défauts avec l'âge, & qu'ils montrent rarement vis-à-vis de nous. Notre supériorité les engage à une sorte de contrainte. Nos goûts, nos plaisirs, nos besoins n'étant pas les leurs, la rivalité qui *décele* tant de mouvemens cachés reste dans l'inaction. Cette seule observation me persuaderoit qu'il est aussi facile qu'avantageux, d'élever plusieurs Enfans ensemble ; l'un profite de la leçon que reçoit l'autre ; la curiosité satisfaite de celui-ci, fait naître une nouvelle question qui les instruit tous, & épargne à la mere de nouvelles importunités.

Des Enfans étrangers qu'on rassemble avec les siens, aident encore plus qu'on ne pense à une éducation suivie, dans laquelle on veut que tout marche d'accord avec la nature, les mœurs & les usages; cela accoutume les Enfans à une certaine politesse, à de petites complaisances. Pour être amusés, ils commencent à sentir qu'il faut aussi amuser les autres; ils cedent tour à tour, ils commandent, ils obéissent; cet échange continuel de volonté & de plaisir les soumet aux loix de la réciprocité, le plus fort lien de la société générale pour laquelle on les éleve. Rien de tout ce qui se passe ne doit échapper aux yeux surveillans de la mere. Chaque jour les différentes *teintes* de l'esprit, l'*esquisse* du caractere *se trace* plus fortement: dès-lors il faut se prémunir contre les défauts, leur opposer de tous côtés des barrieres. La moralité doit être dans les actions, presque jamais dans les discours ; c'est toujours l'à-propos du moment qu'il s'agit de saisir. Les meilleures leçons se trouvent dans les choses.

Ne faites point de la parure un objet de récompense, moins encore un objet de privation. Ayez soin que vos Enfans soient mis selon votre état & votre fortune : parlez-leur de propreté, jamais d'ajustement ; *la vanité, l'amour des chiffons* ne deviendront point l'objet de leur premier desir ; ils ignoreront long-tems qu'ils peuvent y mettre un prix. Pour eux, comme pour nous, tout ce qui tourne en habitude perd une partie de sa consistance.

J'ai vu peu d'Enfans s'enorgueillir des titres de leurs peres, lorsqu'on ne les a pas bercés avec le ridicule préjugé qu'on attache à ces prérogatives ; ils ne devroient l'apprendre qu'à l'âge où ils seront en état de concevoir que ces titres n'imposent qu'une obligation de plus d'être honnêtes, vertueux, généreux, humains ; & qu'ils ne nous placent au-dessus des autres, qu'autant qu'ils nous assurent les moyens de les secourir dans le malheur. Jusques-là, les titres de *Marquis*, *Comte*, *Baron*, &c. ne doivent avoir aucune *signification* pour eux. La hauteur est un de ces défauts dont on ne trouve pas le premier principe dans le cœur humain qu'on accuse si souvent d'une pente vers le mal. Il en est encore plusieurs qui prennent de même leur source dans les préjugés, ouvrage des hommes ; d'autres qui naissent d'une éducation mal conçue, mal ordonnée, mal suivie, & de tous ceux-là, il est aisé d'en garantir les Enfans. Les miens n'ont jamais été enclins au mensonge, parce que j'ai su empêcher qu'on ne les trompât ; que jamais je ne les ai punis pour un tort involontaire ; & qu'à leurs questions embarrassantes, j'ai mieux aimé répondre : *Vous ne pouvez pas encore comprendre cela*, que d'essayer de leur persuader une chose fausse. Je crois qu'ils sont tous nés pour être vrais, & qu'ils le resteront, autant que nos mœurs le permettent, quand l'éducation n'y apportera point obstacle. Il est absurde de cacher à un Enfant qu'une médecine est amere ; qu'une piquûre de lancette fait mal ; vous n'abusez de sa crédulité qu'un instant ; bientôt les faits vous démentent, & loin de chercher à lui en imposer, vous devriez lui avoir appris à supporter ces contrariétés, lui avoir domontré qu'il en est pour tous les âges, par celles que vous éprouvez vous-même : l'exemple les frappe, & reste gravé dans leur mémoire.

Quoique le mensonge conduise à la fausseté, la fausseté differe du mensonge ; elle a un intérêt moins pressant, moins excusable encore ; elle est d'ailleurs plus réfléchie ; son action a une durée permanente, des vues basses qui tendent à nuire plus sûrement ; elle dégenere facilement en habitude, & l'habitude une fois formée, rien ne la corrige : c'est encore un vice de nos mœurs. La politesse, la politique mal inspirées en jettent le germe dans le cœur. Tant que les Enfans ne peuvent entendre les diſtinctions dont l'une & l'autre ſont ſuſceptibles, on doit bien ſe garder d'agir contradictoirement à ce qui peut être échappé devant eux. Accoutumez-les à être honnêtes, attentifs, rien de mieux ; mais ne leur faites pas exprimer des choſes qu'ils ne ſauroient encore penſer, ou qu'ils ne voudroient réellement pas dire : c'eſt tout à la fois les induire à la flatterie & à la diſſimulation, recours des petites ames, qui acheve de les avilir. Il eſt également dangereux de vouloir trop tôt prévenir les effets de leur franchiſe. Ce n'eſt guere par malignité que les Enfans répondent une vérité qui bleſſe ; rendez-la leur ſenſible par une application mortifiante pour eux ; l'amour propre (qui toujours devance la raiſon) leur démontrera mieux que vos diſcours la néceſſité de ménager les défauts d'autrui.

Cette marche lente exige, j'en conviens, une attention continuelle ; mais ce n'eſt point encore aſſez que d'épier la nature, il faut commencer à semer si l'on veut recueillir. Inspirer la bonté, la douceur, toutes les vertus sociales qui font le bonheur de la vie, & les vertus morales qui assurent la paix de l'ame. Les moyens sont toujours les mêmes ; ils doivent être simples, amenés par les choses & adaptés au caractere. La droiture dans les jeux, l'exactitude dans les conventions, fournissent les premieres leçons de probité, de justice, d'équité & de bonne foi. Les leçons de bonté, d'aménité & de douceur sont en activité continuelle envers les domestiques ; mais celles de bienfaisance, de compassion & de générosité se trouvent dans l'exemple seul. On l'a dit, ce n'est point en faisant donner un Enfant qu'on le rend libéral, c'est en lui faisant deviner le plaisir qu'on y trouve soi-même. Montrez-vous constamment sensible au malheur des autres, & les Enfans seront tous humains ; ils apportent bien en naissant un caractere ferme ou foible, un esprit altier ou souple, une imagination vive ou une tête froide ; mais il n'eſt rien de tout cela qu'une bonne éducation ne puiſſe modifier par des moyens différens, qui cependant tendent tous au même but. L'ame dure, le cœur froid ſont preſque toujours notre ouvrage ; l'une & l'autre paroiſſent formés pour être tendres & ſenſibles.

Je ne ſais ſi je m'aveugle, mais il me ſemble permis d'affirmer d'après mon expérience & mes réflexions, que des Enfans, pris ainſi dès leur berceau, auront très-peu de défauts eſſentiels. Cependant, comme je n'écris pas pour les ſeuls Enfans à naître, je ſens bien qu'il doit y avoir infiniment à rectifier dans les autres. Quand on a perdu la marche de la nature, on rencontre bien des obſtacles : néanmoins, il eſt peu de maux ſans remede dans un âge auſſi tendre. Je me réſerve d'examiner les uns, de détailler les autres dans la ſeconde Partie de cet Ouvrage : celle-ci n'eſt conſacrée qu'à la premiere éducation, ſur laquelle on a déja si bien écrit, qu'il me restoit bien peu de choses à dire : il est même presqu'impossible, malgré ma scrupuleuse attention à éviter les détails, à ne pas multiplier les exemples, que je ne sois tombée dans des répétitions désagréables pour ceux qui ont lu les autres ouvrages ; mais je ne pouvois pas y renvoyer pour le tout.

Il me reste à supplier mes Lecteurs, de ne pas me faire le tort d'imaginer que je prétende me parer des idées des autres, & les donner comme neuves ; elles leur ont été offertes d'une maniere plus satisfaisante sans doute ; aussi ne réclamai-je pour moi que l'indulgence dûe au zele pur qui m'anime. Depuis qu'on s'occupe de l'Éducation, on n'avoit encore presque rien dit sur celle des Femmes ; on leur doit cependant la justice de convenir qu'elles s'occupent beaucoup plus à présent du soin d'élever leurs filles. La difficulté de concilier ce devoir avec leurs plaisirs, commence à s'applanir : on ne sauroit trop les louer ni les encourager ; je me suis flattée d'y concourir en leur préfentant de nouveaux moyens. Quelques-unes peut-être trouveront qu'il y a encore beaucoup à facrifier ; je prévois également beaucoup de travail ; mais l'amour du bien fait tout tenter, & la vertu tout entreprendre.

SECONDE PARTIE.

Depuis l'âge de sept ans jusqu'à quatorze; avec un Article particulier sur l'Education des Couvens.

CETTE seconde époque de l'enfance, n'est encore qu'un espace que le voyageur est forcé de parcourir pour arriver à son but. Mais ce n'en est pas moins un temps précieux, pendant lequel il est important de commencer à former l'union des idées. C'est de cette union bien établie, que n'aît ensuite la justesse de l'esprit, qui, appliquée aux mœurs, aux circonstances & aux usages, devient vertu, & sert à affermir notre conduite au milieu des écueils.

Ce que nous avons dit dans la premiere Partie de cet ouvrage, peut être utile pour les Enfans des deux sexes; mais ici l'éducation des Filles doit être absolument distincte & séparée. Il résulte nombre d'inconvéniens à laisser plus tard ces Enfans les uns avec les autres ; l'expérience apprend qu'il en eſt de fort prématurés. La curioſité, ſur-tout chez les Filles, eſt plus active, plus rafinée qu'on ne veut le croire; tout l'excite, rien ne l'arrête. La pudeur annexée aux Femmes, eſt plus ordinairement la ſuite du premier développement de nos idées, qu'elle n'eſt un mouvement naturel de l'ame, fût-elle la plus diſpoſée à devenir honnête. C'eſt ſouvent faute de remonter à l'origine des vertus & des vices, qu'on favoriſe le penchant vers les uns, qu'on s'endort ſur la foi des prétendus ſentimens innés des autres. Ce ſont nos ſenſations qui amenent nos connoiſſances, & celles-ci ſeules nous conduiſent au ſentiment. Attendre trop de la nature, c'eſt donc tout à la fois mal répondre à ſes vues, ſe priver des reſſources qu'elle nous offre & s'écarter de la route indiſdiſpenſable à ſuivre pour parvenir à une bonne éducation. J'ai vu tant de jeunes perſonnes abandonnées par des meres négligentes, à des enfans plus grands, & à des domeſtiques indiſcrets, en qui ces premieres notions ont laiffé des impreffions funeftes, que je ne crains point de revenir fur ce fujet, ni d'appuyer fur les foins fcrupuleux qu'il exige. L'innocence eft un des dons le plus précieux à conferver; ce n'eft que par elle que vous maintiendrez l'imagination dans ces bornes défirables qu'on ne prefcrit point, parce que de toutes nos facultés c'eft la plus indépendante, celle qui laiffe le moins de prife à la raifon; le feu de fa premiere effervefcence donne tout à appréhender jufqu'à l'âge où des principes folides ont fouvent encore peine à lui fervir de frein; mais les conféquences m'en paroiffent trop évidentes pour m'arrêter à les détailler.

Nous n'avons donné jufqu'ici que des confeils tendans à préferver de l'erreur & à prévenir les paffions; il eft temps de confidérer l'éducation fous le point de vue de l'inftruction. Plus d'un motif me détermine à commencer par la Religion. Non-feulement le premier hommage eft dû à l'Être des êtres, mais auffi le premier usage des facultés dont il nous a doué, semble devoir être réversible au culte qu'il attend de ses créatures. Il a voulu que ce culte fût l'ouvrage du cœur guidé par la foi. Sa grandeur suprême nous est manifestée par la beauté de ses ouvrages; son pouvoir nous est connu par l'ordre & l'harmonie qui regnent dans l'univers ; sa bonté nous est sans cesse présente par ses bienfaits : nous sentons que nous n'existons que par lui ; mais hors de-là , tout est pour nous mystere. Ainsi l'âge le plus tendre est le plus favorable à saisir pour jetter les fondemens d'une foi ferme & vive que rien n'ébranle, & qui assure le repos de l'esprit par la paix intérieure de l'ame : à cet égard les moyens d'instruction ne sont peut-être que trop multipliés. Il y a un très-grand nombre de Catéchismes, mais tous ne sont pas également bien faits, ni exempts de minuties, ni même de réponses absurdes. Je voudrois qu'on ne crut pas indispensable de s'arrêter au Catéchisme du Diocèse, qu'en cela, comme en tout,

on

on choisît ce qu'il y a de meilleur, ce sera toujours le plus simple.

L'Enfant qu'on aura accoutumé à présenter ses doutes, à faire naïvement toutes sortes de questions, sera sûrement étonné de ne trouver qu'une insuffisance pareille à la sienne, sur l'article des mystères; s'il ne le remarquoit pas, il seroit mal-adroit de ne pas l'amener à en paroître surpris. Il est essentiel de montrer aux Enfans toutes les choses sous le jour de la plus grande vérité, & qu'ils sachent qu'il en est qu'ils ne concevront jamais; mais ces choses doivent être réduites d'une part aux articles de foi, de l'autre appliquées à certains mysteres de la nature qui sont à leur portée. Ils voyent semer un grain de bled, ils le voyent ensuite produire plusieurs épis qui tous renferment une quantité d'autres grains semblables; ils sont certains que cela est, lorsque vous le leur faites remarquer, mais ils sont loin de comprendre comment cela peut être. Il ne doit donc pas leur être plus difficile de croire aveuglément ce que la Reli-

Tome I.

gion nous prescrit, quand, par des exemples frappans, il leur est démontré que des effets sensibles à leurs yeux, surpassent les bornes de notre intelligence à tous.

On tirera de cette méthode plusieurs avantages réels: ils auront une idée de ce qu'on appelle incompréhensible : ils ne se formeront point une image chimérique de la Divinité ; & ils n'en inféreront point (par une conséquence qu'ils n'auroient pas manqué de tirer,) que pour apprendre, il ne leur est pas toujours nécessaire de chercher à comprendre. Ils seront d'ailleurs amenés à une conviction plus forte que si on eût laissé errer l'imagination au milieu des doutes & de l'incertitude que l'âge fortifie à mesure que la pénétration s'accroît. Nous l'avons déja dit, on emploie mal le temps présent, s'il n'a pas pour objet d'assurer l'avenir.

L'amour de la Religion conduit nécessairement à la pratique de toutes les vertus morales & sociales. Notre Religion, non-seulement est la seule vraie dans ses principes, elle est encore la meilleure dans ses spéculations. L'hypocrisie & la dévotion lui nuisent plus dans l'esprit des jeunes gens, que ne pourroient faire les subtilités d'une fausse philosophie : mais une femme pieuse n'en sera pas moins toujours une femme sensible & bonne; sévere pour elle-même, indulgente pour les autres; douce, sûre dans la société; empressée à en remplir les devoirs. Sa charité ne se bornera point à assister les pauvres, elle en tirera les principes les plus étendus de bienfaisance & d'humanité. Sa piété ne sera ni austere ni farouche; recueillie à l'église, aimable chez elle, on la verra faire le bien par-tout, sans ostentation, sans vanité, avec cette candeur touchante qui inspire le desir de l'imiter. Sa modestie répandra le charme sur toutes ses actions; sa sagesse ne se fera point racheter par des défauts; la sensibilité de son cœur lui laissera entrevoir des écueils ; mais l'honnêteté de son ame la soutiendra, & elle enrichira le sentiment de l'amitié de tout ce qu'il y a jamais eu d'affections tendres, de vertus solides & aimables.

Tel est le modele qu'il faut savoir présenter à ses Eleves, non pas en tout, mais en partie, selon les circonstances & les dispositions du sujet. Si l'on établissoit intérieurement le siege de la religion dans le cœur, tous les hommes seroient beaucoup meilleurs qu'ils ne le paroissent souvent au-dehors ; malheureusement on se borne à l'inculquer dans la mémoire : ce qui devroit former la principale branche du système de chaque éducation, quel qu'en soit le but, n'est apperçu que comme un foible rameau très-insuffisant pour le soutien des vertus privées. On ne veut pas voir que moins nos mysteres sont susceptibles d'explication, plus la morale chrétienne demande à être commentée : on s'épargneroit une infinité de leçons qui deviennent presque superficielles, si l'on vouloit bien ne pas séparer les devoirs de la société civile de ceux du Christianisme. Ce parallele est un champ vaste qui fournit les distinctions les plus délicates & les applications les plus essentielles au bonheur de la vie : on ne sauroit trop tôt le faire envisager ; mais il demande à être ménagé avec art. Surcharger l'esprit des Enfans de préceptes, c'est le moyen de les préparer à confondre un jour les principes dans la *classe* des préjugés ; nous verrons que même ceux-ci veulent être respectés. Avant d'établir ces distinctions, il faut avoir travaillé à former le jugement ; & l'on présume bien sans doute que tout ce que je viens de dire sur la religion, ne peut être l'instruction du moment ; que c'est le plan à suivre pendant tout le cours de l'éducation : mais il m'a paru plus convenable à la dignité du sujet, de n'en point séparer les parties, d'embrasser en général toutes ses vues, tous ses divers rapports, pour laisser ensuite le choix libre sur les détails & les leçons.

Quelque prévention qu'on ait prise sur l'incapacité des Enfans, & leur inaptitude au travail, on ne peut se dissimuler qu'ils n'aient un grand avantage même sur nous pour toutes les choses de mémoire. L'instinct guide les animaux ; mais la mémoire seule fait presque tout chez les hommes. C'est le premier présent de la nature ; les besoins naissans s'en emparent ; par eux elle s'exerce sur tout ce qui peut les satisfaire. A trois ans, les Enfans savent connoître les alimens qui flattent leur goût, & distinguer les choses qui flattent leurs sens. Ils ont déja retenu une grande quantité de mots qu'ils savent lier les uns avec les autres : bientôt on voit éclore ces premieres idées qui émanent des sensations. A peine savent-ils parler, qu'ils apprennent à lire ; tout cela semble se faire sans effort ; combien de choses cependant sont déja placées en ordre dans leur tête, qui, plus tard s'y rangeroient très-difficilement ! Ils sont donc plus susceptibles que nous à certains égards, d'apprendre & de retenir, quand on ne les fait point passer subitement d'une chose à une autre, & qu'on les ramene souvent aux mêmes objets : c'est à nous qui sommes leurs guides, à les conduire selon l'indication de la nature, ils la sentent dans ses besoins, mais nous la jugeons dans ses effets.

Si l'on perd ce second âge dans l'inaction, que deviendra l'emploi du troisieme, pour lequel je voudrois qu'on se préparât une liberté d'esprit qui tournât tout au profit du cœur & du jugement ? On nous présente la mémoire comme une table rase sur laquelle tout s'imprime & se grave, d'autant plus aisément que le cerveau n'est encore qu'un tissu de fibres molles, souples, déliées & imperceptibles : gardons-nous de les forcer. Mais au lieu des futilités, des miseres qui prennent une place si considérable dans la tête des Enfans, portons-y des choses utiles ; éloignons toute espece de préjugé vulgaire ; disposons le goût à naître ; si ce ne peut être encore pour le grand, que ce soit au moins pour le bon.

Il s'agit moins à cet âge des sciences que des talens agréables : les Femmes sur-tout, semblent y être destinées. Le son flexible & touchant de leur voix, la délicatesse de leurs organes, leur sensibilité même, annoncent qu'il n'y a qu'à vouloir qu'elles soient aimables, & qu'elles le seront : les talens ajoutent certainement à leurs avantages personnels ; négliger cette partie, ce seroit ou se préparer des regrets, ou se mettre dans le cas d'y revenir beaucoup trop tard. Mais le défaut de l'éducation actuelle est d'en faire l'objet capital, de le présenter aux Enfans comme l'unique moyen de plaire : à cet égard les talens ne doivent être considérés que comme un accessoire ; l'art est de savoir trouver des motifs d'utilité aux choses agréables, & des motifs d'agrément dans les choses utiles : voilà comme on excite le desir d'apprendre dans les Enfans, comme on les prépare à avoir un jour le bon esprit de mettre à profit ce qu'ils savent.

La Danse donne du maintien & de la grace ; c'est un exercice sain qui peut aider l'accroissement des membres, le développement de la taille, & qui quelquefois en rectifie les petits défauts.

La Musique amuse, intéresse, elle flatte les sens, elle accoutume l'oreille à être

délicate; elle fait naître le goût. « Enfei-
» gnée telle qu'elle doit l'être, dit Plu-
» tarque, & dès l'enfance, l'homme qui
» la faura ne peut manquer d'avoir un goût
» ami du bon, conféquemment ennemi du
» mauvais, même dans les chofes qui
» n'appartiennent point à la Mufique ».
Sans lui croire autant d'influence fur le
moral que femble l'infinuer cet auteur, je
me borne à la confidérer comme un talent
qui offre des reffources dans la folitude, &
en procure dans la fociété : il fuffit d'être
bon Amateur pour en goûter le plaifir à
tout âge. La perfection des inftrumens
exige trop de temps ; il eft difficile de
s'y attacher fans qu'elle ne nuife aux objets plus effentiels. Les Enfans qui ont
de la voix, n'ont befoin, ce me femble,
que de favoir s'accompagner. Pour les
autres, il faut choifir les inftrumens qui
paroiffent les flatter le plus, & entre
ceux-ci les plus agréables fouvent font les
plus aifés.

Quoique les premiers principes de
Mufique appliquent, auffitôt que les Enfans

font avancés dans cette partie, je ne vois nul inconvénient à leur montrer les premieres regles de l'Arithmétique, ni à leur faire un amusement des commencemens du Deſſin : nous entendons bien que l'Ecriture ne ſera pas négligée. Mais on obſervera que la mémoire n'étant preſque encore exercée que par le ſens de la vue, il devient important de la préparer à recevoir & à conſerver l'impreſſion muette des choſes qui ne nous ſont que tranſmiſes ; autrement les Enfans contracteront l'habitude de ne retenir que par l'uſage de la démonſtration ; de-là viennent ſouvent ces mémoires qu'on accuſe d'être ingrates, faute d'avoir été cultivées de bonne heure.

Le goût qui ſert d'aiguillon à la mémoire veut auſſi qu'on le flatte. Faire apprendre le Catéchiſme ſeul aux Enfans, cela peut leur paroître ſec, aride, & les rebuter. Le moyen de leur rendre facile l'uſage de retenir par cœur, c'eſt de leur préſenter des choſes qui puiſſent leur plaire. Les fables mettent toujours leur jugement en défaut ; mais de très-courts abrégés de la Bible, conviennent très-bien à cet âge, & donnent une idée de l'ancien Testament ; il doit, ainsi que le nouveau, devenir l'objet de leur premiere lecture. Alors il faut avoir la patience de les questionner pour les aider à comprendre. Ne négliger aucune occasion de faire des réflexions à leur portée, souvent elles décident le cœur en faveur du bien, & excitent l'horreur pour le mal. Je le répete, ce sont ces maximes du moment amenées par le hasard, qui un jour se convertissent en principes.

Il en est de même pour former le jugement. Les Enfans sont imitateurs, & leurs sens sont fort retroactifs. Comparez devant eux & avec eux, bientôt ils appercevront que c'est la méthode sûre pour bien juger ; cette opération deviendra une habitude familiere à leur esprit, & celui-ci acquerra cette perception prompte & facile qui produit la sagacité. Plus les qualités agréables sont alliées aux qualités solides, plus l'éducation approche de sa perfection.

Tous les Enfans ne sont pas propres aux mêmes choses, ou quelquefois ils demandent à y être conduits d'une maniere très-opposée. Ce qui s'adapte le plus généralement à leur façon d'être, c'est la gaieté ; il est plus essentiel qu'on ne pense de l'entretenir. « La joie, dit un Auteur » moderne, accompagne toujours un cœur » bienfaisant ; c'est par elle que l'ame s'é- » panouit en quelque sorte, & répand sur » ce qui l'environne le bonheur dont elle » jouit ». J'ajouterai que la tristesse semble annoncer un vice de conformation. Nous ne voyons guere que les enfans mal constitués être sombres ou mélancoliques ; les plaisirs bruyans blessent leurs organes ; n'en connoissant point d'autres ; ils paroissent vouloir se refuser à tous. On prend souvent cette disposition particuliere du corps pour un effort de la raison ; & l'on dit de ces Enfans : *Ils sont paisibles, ils seront doux* : cette douceur apparente naît ordinairement de leur foiblesse ; ils n'ont pas la force d'être opiniâtres ; mais en les suivant, on remarque qu'ils supportent impatiemment la contrariété, & qu'ils ne favent fe prêter à rien de ce qui amufe les autres: ceci n'eft point une regle fans exception; je la crois feulement la plus générale. On voit d'ailleurs des Enfans contrefaits être fort gais; quelques-uns, en petit nombre, qui paroiffent fains, être très-fombres; ce font des jeux de la nature difficiles à expliquer. Avec le temps, ces caracteres taciturnes deviennent ou fâcheux ou indolens; ce n'eft qu'en les portant fans ceffe hors d'eux-mêmes, qu'on peut les préferver ou de cette humeur noire qui eft un défaut réel dans la fociété, ou de cette efpece d'inertie qui engourdit l'ame, étouffe l'efprit, rétrecit l'imagination & affoiblit toutes les vertus actives.

Il eft des plaifirs pour tous les âges; c'eft fe conformer au penchant de la nature que d'en procurer aux Enfans: apprenez aux uns à les goûter, aux autres à en jouir modérément: le fruit de ces premieres leçons fe retrouve dans tout le cours de la vie. Il n'y a rien de petit, rien de minutieux en apparence qui ne foit lié par ses effets aux choses les plus essentielles. Une éducation suivie saisit ces détails, mais un plan d'éducation ne peut les présenter qu'en *globe*; c'est au discernement à en faire l'application, selon les circonstances & le besoin du sujet.

Nous supposons ici de ces Enfans nés heureusement, élevés avec soin, rien n'a pu encore altérer les qualités de leur cœur; tout a dû concourir au développement de leur intelligence; ainsi nous devons compter sur leurs succès, & passer depuis dix ans jusqu'à douze à de nouvelles études. La danse, la musique n'étant plus pour eux qu'un objet d'amusement, ils s'y fortifieront sans travail. Ils doivent lire couramment, mais il faut commencer à les préparer à lire agréablement : c'est un talent assez rare, & négligé sans doute parce qu'il est trop à la portée de tout le monde : il exige une prononciation exacte, une oreille délicate, & une sensibilité d'ame qui guide le ton, & détermine les inflexions de la voix.

Pour l'écriture, tous les Enfans n'ont pas, il est vrai, la main également bonne; mais au bout de trois ans, il ne reste ordinairement qu'à l'affermir, en soutenant long-temps le grand caractere. Il n'est pas très-utile à une Femme de peindre parfaitement, mais il est nécessaire d'écrire vîte & lisiblement. Nous avons dit qu'on s'attacheroit à joindre l'orthographe à cette partie, d'abord par le moyen de l'habitude, ensuite en faisant beaucoup copier, & sur-tout les principes de la langue : on peut en favoriser l'intelligence par des détails journaliers. Presque toutes les Femmes parlent très-bien avec l'unique secours du bon usage. Elles sentent les fautes que font plus communément les gens de certaines provinces ; mais guidées uniquement par l'oreille, fort peu savent faire la différence des temps : c'est l'écueil de l'ignorance.

La méthode actuelle est de faire apprendre l'Italien, pour montrer le François ; on la trouve plus facile, & l'on calcule qu'il y a deux avantages à retirer :

cela peut être vrai ; cependant on oublie si aisément une langue qu'on ne parle pas & qu'on lit peu ; il y faut d'ailleurs employer tant d'application & de temps, que je ne voudrois m'y déterminer qu'autant que je verrois un goût bien décidé de la part de l'Enfant. En général, je me bornerois aux regles les plus essentielles du langage ; j'associerois ces leçons à la lecture & à l'écriture : insensiblement ils parviendront à connoître les temps, les verbes, leurs conjugaisons, les déclinaisons des mots, les articles, les particules, les pronoms ; toutes les différentes manieres de ponctuer, qui aident infiniment à la perfection du style ; & ils en sauroient assez pour entendre une bonne Grammaire, lorsqu'ils seroient en âge de se fortifier sur le reste.

S'ils regrettent un jour de n'en savoir pas davantage, le desir donne des aîles. On apprend l'Italien & l'Anglois à tout âge ; mais au hasard de l'usage qu'ils en auroient fait, ils n'auront pas perdu un temps précieux que je donnerois de préférence à la Géographie.

Géographie. Bien des gens imaginent que cette étude est aride ; ce sont sans doute les Maîtres qui la rendent telle : j'ai vu peu d'Enfans pour qui elle n'eût une sorte d'attrait. On nous a indiqué les moyens de l'augmenter ou de le faire naître cet attrait, en rendant les lieux qu'habitent les Enfans des objets de comparaison pour le calcul des distances : cet essai de topographie piquera leur curiosité. On peut passer succintement à la carte de la Province ; puis leur faire une espece de jeu des diverses figures de Géométrie, sans chercher à embarrasser leur mémoire de celles qui ne sont point liées à notre objet. Bientôt on verra que tous ces détails qui nous effraient pour eux, leur deviendront intéressans. Les Femmes qui habitent la campagne pourroient même avec l'Atlas de M. de Mornas, enseigner seules très-passablement cette science à leurs Enfans.

On conçoit aisément, ce me semble, qu'en faisant ainsi succéder une difficulté à une autre, on ne fatigue point la mémoire;

simplement on en use comme d'une faculté qui s'étend à mesure qu'on l'exerce. Ce ne sont encore que des noms, des mots, quelques tristes calculs que vous y avez placés ; oui, sans doute, mais ce sont des matériaux préparés d'avance pour rendre l'édifice meilleur : avec le temps, vous verrez ces mots devenir des choses.

La Géographie servira d'introduction à l'Histoire & aux premiers élémens de Physique. A douze ans, les Enfans sont en état de comprendre l'explication de certains phénomenes de la nature qui n'ont encore frappé que leurs sens, sans parler à leur esprit. Il est des effets naturels auxquels ils chercheroient peut-être des causes étrangeres ; il en est beaucoup d'autres qu'accoutumés à voir, ils verroient toujours avec les yeux de l'ignorance, si l'on n'éveilloit pas leur imagination engourdie par l'habitude.

Il faut qu'une tête bien organisée commence de bonne heure à se rendre compte de tout, non-seulement des choses qui l'environnent, mais aussi de ses idées, de ses pensées, de ses actions, de ses intentions. C'est par une pratique journaliere qu'on peut y conduire les Enfans. Causer beaucoup avec eux, mettre sa raison à leur portée, leur faire des questions adroites sur la morale, voiler la pénétration qui les devine, paroître vouloir tout tenir de leur confiance, les rendre souvent juges de leurs torts, donner aux leçons le tour du sentiment, montrer toujours la vérité aimable; voilà pour former le cœur & le jugement, entre lesquels il est important d'établir le plus d'accord possible: la foiblesse humaine n'éleve entr'eux que trop de mouvemens opposés: ce sont ces combats intérieurs qui rendent notre condition si misérable.

L'esprit & l'imagination sont deux autres branches qui se prêtent des secours mutuels, force & activité; secours utiles & pernicieux, selon la méthode qu'on emploie pour les diriger. Tous les dons de la nature sont comme ces champs vastes qui rapportent aux uns plus, aux autres moins, en raison de la main habile qui les cultive. Pour certaines gens, ce ne sont que des tréfors cachés sur lesquels ils laiffent croître de mauvaises herbes.

L'esprit dépendant de la délicateffe des organes, de la fineffe des sens, de la soupleffe des fibres plus ou moins déliées du cerveau, & de l'aptitude de l'ame à saisir les divers rapports des objets, il paroît téméraire d'oser avancer que nous naiffons tous avec une égale portion d'esprit; mais ne pourroit-on pas présumer que la portion départie à chaque individu, devroit suffire pour empêcher qu'il y eût des êtres très-bornés. Tout dépend souvent du genre d'éducation. Quelques Enfans deviendront presque ineptes, si on ne saisit pas la maniere de les prendre, ou si l'on ne s'en tient pas pour eux aux seules choses dont ils font capables. D'autres auront de l'esprit & de l'imagination en dépit de l'éducation, mais peut-être moins qu'ils ne devoient en avoir; & ces qualités aimables abandonnées à leur propre effervescence, pourront devenir nuisibles aux qualités solides de l'ame.

Ces qualités diſtinctes ne laiſſent pas que d'être relatives; leur analogie échappe non-ſeulement au vulgaire, mais à beaucoup de meres pieuſes & ſenſées. Elles ſe perſuadent qu'inſpirer aux Enfans des ſentimens honnêtes & vertueux, c'eſt pourvoir à tout : nous ſerions trop heureux s'il en étoit ainſi. Les reſſorts de l'eſprit & de l'imagination qui agiſſent ſi puiſſamment ſur le cœur, reſteroient ſans action, & l'ame, qui de ſa nature eſt ſi ſouvent ſoumiſe à leur empire, ſe trouveroit commander en ſouveraine, même aux idées qu'elle a quelquefois tant de peine à combattre. Voilà comme, ſans y penſer, on crée un homme nouveau, & l'homme de la nature eſt ſacrifié à cet être imaginaire. La nature n'eſt-elle donc pas aſſez belle à ſuivre, même dans ce que nous nommons orgueilleuſement ſes écarts ou ſes défauts ? Croyons avec le Sage, que ſes écarts ne ſont que des aiguillons qui étoient néceſſaires au ſoutien de notre vigilance : les moyens & les remedes ſont par-tout à côté du mal; pour en uſer plus sûrement ; appliquez-vous à connoître vos Éleves, commencez de bonne heure à rectifier leurs idées, excitez-les à les communiquer, apprenez-leur à fixer leur imagination ; que le vrai lui serve toujours de borne, c'est le secret de la régler. Préparer l'esprit à la justesse par la réflexion, la comparaison & la modération dans les passions ; le cultiver & l'orner, c'est concourir au plus grand bien (*) ; « le disposer ainsi à la vérité, » c'est préparer le cœur à la vertu, la » seule voie qui mene au bonheur ».

Je reviens à la partie de l'étude : je sais bien que l'Histoire à cet âge ne peut être qu'une espece de *chronologie* de tems & de faits ; aussi n'ai-je en vue que l'Histoire de France en abrégé, & elle ne contient véritablement que cela ; mais il ne s'agit que de donner une premiere notion de l'origine de son pays, de ce qui s'y est passé ; & il est reçu qu'il faut avant tout, en savoir les anecdotes les plus mémorables. Lorsque nous serons

(*) Essai de Logique de M. Bertrant.

parvenus au temps de perfectionner notre ouvrage, nous trouverons toujours cette ouverture de plus, pour étudier l'Histoire comme elle doit l'être, en rapprochant les hommes des différens siécles, leurs mœurs & leurs usages. La Géographie sera aussi considérée sous un point de vue historique, & comme tout alors marchera d'un pas égal, nous verrons que tout coulera de source, sans aucun effort.

Nous voilà presque arrivés à ce temps: il ne me reste que très-peu de choses à dire pour les Filles élevées dans le monde. Je n'avois pas besoin d'insister beaucoup sur l'utilité des talens, puisque c'est la partie qu'on cultive le plus : je n'ai sans doute pas besoin d'insister davantage sur le goût ; si on l'applique à la maniere de se mettre, peu de Femmes, ici sur-tout, en manquent ; mais il seroit fâcheux qu'elles n'en eussent que dans l'art de se parer, lorsqu'elles sont nées pour en avoir sur tant d'objets.

On sait que le goût tient infiniment à la sensibilité de l'ame, à la perfection des organes, à un certain tact qu'on peut appeller *finesse de sentiment* ; il n'est même que cela, à moins qu'on ne veuille le considérer comme un sixieme sens composé de la réunion de tous les autres : *Il demande à être formé autant que la raison*, dit un Auteur moderne ; il faut donc aider à le faire naître. Inspirer l'amour de l'ordre, c'est déja inspirer le bon goût ; faire sentir le beau par l'examen *des proportions exactes qui le forment*, c'est disposer le sens qui en juge à y être sensible. Il est presque impossible ensuite que les yeux ne soient pas blessés à la vue d'un objet ou difforme ou désagréable ; peu attirés par les objets médiocres, les Enfans devineront leur peu de valeur avant même que le discernement les aide à les apprécier. On ne sait pas quelles foules d'avantages les hommes faits retirent de l'habitude du coup d'œil, & rien n'est plus facile à acquérir dans l'enfance.

Il est des goûts arbitraires, mais c'est pour les choses de commodité, d'utilité, ou de pure fantaisie : *dans les Arts où le goût s'est réfugié, par-tout il est un*. Pour l'assurer, il faut connoître les regles des différens arts : on peut y conduire les Enfans par le Deſſin, qui a tant de rapport avec la Sculpture, la Peinture la Gravure, même l'Architecture.

Pour le goût qui décide des ouvrages de littérature, il s'acquerra avec l'âge, en ne liſant que de bons livres, & avec des gens inſtruits. A l'égard des goûts arbitraires, ils ſont toujours un peu aſſervis au goût général, aux genres le plus en uſage. Entre ceux-là, il faut aider les Enfans à ſaiſir le plus agréable par la voie de la comparaiſon ; elle ſe préſente ſans ceſſe, & elle ſert à tout : laiſſez-leur ſouvent le choix dans les choſes à portée de leurs connoiſſances ; accoutumez-les à avoir un ſentiment à eux, en attendant qu'ils ſoient aſſez formés pour avoir une volonté. S'il arrive qu'ils ſe trompent, en leur démontrant le *pourquoi*, leur goût ſe rectifiera par le raiſonnement, & il n'eſt rien ſur quoi il n'importe de les habituer à raiſonner. Le plus petit ouvrage des doigts, veut être fait d'une maniere plutôt que d'un autre ; c'est à faisir cette maniere que confiste l'intelligence, à l'exécuter que se trouve l'adresse : en avoir, ce n'est point un mérite ; mais en manquer, ce seroit un petit défaut & un moyen d'occupation de moins. L'usage de ce talent est libre, il suffit seulement que toutes les jeunes personnes l'aient à leur disposition.

Quelque simplifié que soit ce plan d'Éducation, je prévois combien d'objections, combien d'obstacles on se prépare à y opposer. Une Femme répandue dans le grand monde par état, se séquestre-t-elle des devoirs de la société pour se renfermer avec ses enfans ? Non, sans doute, mais la tendresse maternelle, les devoirs qu'elle dicte, sans nuire entierement à ceux qu'exigent les diverses positions, lui feront trouver les moyens de partager son temps, & il lui paroîtra plus doux de donner la fin du jour à ses plaisirs, quand elle l'aura commencé par satisfaire aux soins que lui prescrit la nature. Contente d'elle-même, ses plaisirs alors seront vraiment des plaifirs, parce qu'ils feront purs & exempts de reproches; si elle les trouve chez elle, ses Filles pourront les augmenter en les partageant, & acquérir des connoissances selon le genre de conversation ou de l'usage, par le ton qui regne dans ce que nous appellons *bonne Compagnie*.

Nous sentons bien la nécessité qui réduira les meres à adopter cette maniere de vivre préférablement à toute autre, mais elle est assez agréable pour pouvoir nous dispenser de les plaindre. Lorsqu'il faut aller chercher de la dissipation hors de chez soi, il est difficile & quelquefois dangereux de mener des Filles, & l'on n'est pas toujours sûr de la gouvernante préposée pour veiller sur elles. Les spectacles qui ont de l'attrait pour tous les âges, peuvent être un écueil pour de jeunes cœurs, & rarement une leçon pour l'esprit. La morale qui en fait la bonté est au-dessus de leur force; les détails leur échappent : dans l'ensemble, ils n'apperçoivent qu'une intrigue quelconque. Quelle impression fait-elle sur leur ame?

S'ils la comprennent bien, dès-lors ils en favent affez pour deviner que c'eft la peinture des mœurs. Tôt ou tard ils fe diront : « C'eft ainfi que l'on vit dans le » monde, on a des paffions, on s'y livre ; » il en arrive quelquefois du mal, mais » auffi du bien ; le fentiment eft prefque » toujours récompenfé, il intéreffe même » dans fes malheureux écarts ».

Voilà d'avance vos maximes fur la néceffité de conferver fon cœur libre, fort combattues dans ces jeunes têtes. Voilà vos principes en contradiction avec les leçons indirectes que vous avez cru leur donner. Si vous n'avez prétendu que les amufer, vous vous êtes encore méprifé; car s'ils n'ont pas pleuré à une belle Tragédie, ils n'y ont pas eu de plaifir. S'ils fe font attendris, ils ont éprouvé trop tôt le pouvoir du cœur fur l'efprit, & fon empire fur la raifon. C'eft précifément un métal précieux que vous avez décompofé, dans tous les fens ; ils n'en pouvoient prendre que l'alliage, & vous leur avez ravi le plaifir d'en jouir un jour d'une maniere qui répondît à vos vues, qui satisfît à leurs besoins. Leurs yeux accoutumés de trop bonne heure *à l'effet de l'illusion*, n'en sauront plus goûter le charme : rien ne sauroit être devancé ni trop attendu que le moral & le physique n'y perdent.

L'instant de mener des Filles aux spectacles doit être fixé d'après la justesse de leur discernement. Je voudrois qu'on eût commencé par leur faire lire les meilleures pieces de nos divers Théatres, & encore qu'elles ne les ayent pas lues seules : ce seroit le moyen de les disposer à l'impression qu'elles doivent recevoir, & *préparer l'impression* à n'être que ce qu'il faut qu'elle soit.

Séneque vouloit que les Philosophes employassent dans leurs leçons les maximes de morale renfermées dans les meilleures Comédies. « Vous ne sauriez croire, » dit-il, l'effet que produisent de pareils » discours, lorsqu'ils indiquent les reme- » des des vices qu'ils attaquent, & qu'ils » n'ont d'autre but que l'utilité. La jeu-

» nesse sur-tout se plie aisément à l'inf-
» truction; la vérité présentée par une
» main habile, s'insinue d'elle-même dans
» ces esprits dociles qui ne sont point
» encore gâtés ».

Mais Séneque ne parloit pas plus que moi pour la premiere ni la seconde enfance : on sent que cette instruction veut être remise à la Partie suivante de cet ouvrage ; je ne l'ai placée ici que pour faire mieux prévoir que le moins qui puisse arriver de l'habitude des spectacles à cet âge, c'est l'inutilité & la diminution d'un plaisir futur qui perdra la moitié de son prix.

Nous conviendrons que l'Éducation du monde n'est pas sans inconvéniens, surtout pour les meres ; mais combien l'Éducation des Couvens, n'en renferme-t-elle pas pour les Enfans ? Si l'on vouloit prendre la peine de comparer ces inconvéniens avec les soins que nous avouons qu'il en coûte pour élever ses Filles soi-même, je doute qu'on pût hésiter sur le choix.

Il est des positions qui exigent des égards & de la condescendance. Parmi la Noblesse attachée à la Cour, peu de Femmes sont assez à elles-mêmes pour entreprendre une éducation suivie. Les femmes de condition qui habitent leurs terres, ont pour elles l'excuse des talens qu'elles desirent procurer à leurs Filles ; mais si elles les avoient elles-mêmes ces talens, pourquoi ne serviroient-elles pas de maîtres à leurs Enfans ? la proximité de quelques villes les aideroit à les perfectionner ; & en supposant qu'ils eussent moins de talens agréables, ils auroient sûrement plus de qualités solides : les uns peuvent-ils jamais compenser les autres ?

En général, je vois peu de bons prétextes pour *affranchir* les meres de ce devoir. Tant que l'Éducation des Couvens ne sera pas meilleure, qu'attendre d'une Fille qui, au moment où on la marie, n'a pour tout principe qu'une très-superficielle connoissance de sa religion, & pour préservatif contre les écueils qui l'environnent, que des préjugés vulgaires ?

A mesure qu'ils s'effacent, elle doit nécessairement présumer qu'on l'éclaire. Le souvenir de quelques dangereuses instructions qu'elle peut avoir reçues par d'autres jeunes personnes, vient échauffer son imagination. Les mauvais exemples, toujours trop communs, parlent bientôt à son esprit; des idées confuses portent le trouble dans son ame, & le premier objet qui fait intéresser son cœur, en prépare sûrement les écarts. On conviendra qu'il faut être heureusement née pour échapper à toutes ces conséquences. L'expérience devroit donc ou dégoûter de cette Éducation, ou engager à chercher les moyens de la réformer. Je hasarderai de présenter ici ceux qui s'offrent à mon imagination, ils ne font ni aussi simples, ni aussi faciles que je le voudrois, mais aux grands maux on ne peut appliquer que de grands remedes.

La connoissance que j'ai des meilleurs & des plus médiocres couvens, m'enhardira aussi à proposer pour eux une nouvelle méthode d'instruction. Les meres pourront

pourront encore en tirer quelques fruits. L'Éducation publique devroit renfermer de grands avantages; mais pour avoir été mal conçue, & encore plus mal administrée, elle ne présente que des dangers & des craintes bien fondées sur la multiplicité des inconvéniens. Je crois très-possible de diminuer en grande partie ces inconvéniens, mais il faudroit y employer une autorité supérieure. Les conseils n'ont pas plus de poids pour les Communautés que pour le Peuple. Où les préjugés ont établi leur empire, la *Coutume* (quelque mauvaise qu'elle puisse être,) a force de loi. On voit les esprits les plus divisés se réunir, & toujours l'opinion générale est pour l'ancien usage; ce n'est que par la contrainte qu'on les détermine à consentir au bien qu'on veut leur faire.

Ici, plus que dans aucune autre circonstance, l'intérêt commun met la loi du plus fort en vigueur, & invite à en user. Une chose, pour être difficile, n'est pas impossible. Les esprits justes envisageront celle-ci, comme très-pénible; les esprits foibles qui n'apperçoivent pas plus les moyens que leur fin, se rebuteront au premier aspect; mais ceux qui joindront à l'esprit & au discernement, un noble courage, l'entreprendront avec succès. Malheureusement les effets ne peuvent être que lents, comme sont tous les effets progressifs : c'est une de ces entreprises sourdes & cachées qui n'offrent pas un aiguillon bien vif à la vanité. Les hommes accoutumés à calculer le produit de la gloire, plus que la peine du travail, trouvent le prix de leurs actions dans l'éclat d'une grande renommée; mais espérons qu'il est encore des êtres, pour qui la vanité n'est qu'une foiblesse de l'imagination, & en qui le desir du bien est une vertu du cœur.

CONTINUATION DE LA IIe PARTIE.

Article séparé sur l'Éducation des Couvens.

Nota. Suit ici le Projet de réformation pour les Couvens voués à l'Éducation des jeunes Personnes, & un Plan pour la distribution des heures destinées aux études, avec quelques avis sur la maniere de montrer & d'apprendre. Cette partie est si aride en elle-même, qu'elle ne peut intéresser que ceux qu'elle regarde personnellement; c'est ce qui détermine à la réduire en un Article séparé, dont on puisse s'épargner la lecture; mais la suite des observations sur l'Éducation des Couvens, me paroît pouvoir offrir quelques lumieres sur la maniere de prendre le caractere & de corriger les défauts.

Le plus grand nombre des Enfans qu'on éleve dans les Couvens, étant destiné au mariage ou à vivre célibataire dans le monde, les Religieuses paroissent indispensablement obligées de connoître les devoirs de ces différens états pour former leurs Eleves, & leur apprendre à les remplir. Les tracasseries intérieures du cloître disposent peu l'esprit à la douceur & à l'égalité d'humeur si précieuse dans la société générale, plus encore dans l'intimité du ménage. Cependant quelle autre leçon peuvent donner des Filles qui, renfermées dans leur Institut, regardent toute autre étude comme vaine & frivole ? Chargées par état de l'éducation de la plus grande partie de leur sexe, on n'a pu parvenir encore jusqu'ici à leur faire sentir qu'elles se rendent responsables des suites funestes qu'entraîne leur ignorance.

Si tant de Femmes donnent dans des écarts, n'en attribuons la cause qu'au défaut de principes. Quelques jeunes personnes échappent, il est vrai, aux écueils du monde & à ses dangers, faute d'occasions prochaines ; mais elles n'en sont pas moins des Femmes inutiles à leurs maris, dans l'administration des affaires. L'espece de dégoût qu'on leur a laissé contracter pour tout ce qui s'appelle *calcul*, les éloigne de l'ordre & de l'économie. Beaucoup de veuves finissent par se ruiner, ou par être victimes de l'empire que le fort usurpe presque toujours sur le foible ; on les en garantiroit par quelques notions précises sur les loix. Le Traité de l'Éducation des Filles, par M. de Fénelon, embrasse tout ce que l'on peut dire sur ces divers objets.

« Il est honteux, mais ordinaire, dit » ce Prélat, de voir des Femmes qui » ont de l'esprit & de la politesse, ne » savoir seulement pas prononcer ce qu'el- » les lisent; elles manquent encore plus » grossiérement par l'orthographe. Il fau- » droit qu'une Fille sût la Grammaire pour » sa propre langue; elle devroit aussi sa- » voir les quatre regles de l'Arithmétique; » on sait que l'exactitude à compter fait » le bon ordre dans les maisons; il seroit » nécessaire qu'elles sussent quelque cho- » se des principales regles de la Justice, » par exemple, la différence qu'il y a en- » tre un testament & une donation, ce » que c'est qu'un contrat, une substitution, » les principales regles du Droit ou du » Pays où l'on vit. Si elles se marient, » leurs affaires rouleront là-dessus : dites- » leur ce que c'est que fief, seigneur do- » minant, vassal, hommage, rentes,

» dîmes inféodées, droit de lods & vente,
» indemnité, amortissement, reconnois-
» sance, papier terrier : ces connoissan-
» ces sont nécessaires à ceux qui possedent
» des biens à la campagne. Après ces ins-
» tructions qui doivent tenir la premiere
» place; donnez-leur les Histoires Grec-
» ques & Romaines; ne les laissez pas
» ignorer l'Histoire de France, même celle
» des pays voisins, & les relations des
» pays éloignés, judicieusement écrites.
» Le moyen de les dégoûter des fictions
» des Romans, est de leur donner le
» goût des histoires utiles & agréables;
» si vous ne leur donnez une curiosité
» raisonnable, elles en auront une dépla-
» cée ».

Sur l'autorité d'un Prélat aussi respecté des Religieuses & de tous ceux en qui elles ont confiance, nous osons donc entreprendre de leur dresser un plan d'étude pour les mettre en état de remplir avec fruit les fonctions de Maîtresse des Pensionnaires.

Avant tout, il faut savoir parler purement ; elles n'y parviendront que par l'étude de la Grammaire.

La Géographie est une connoissance préliminaire à l'Histoire ; d'ailleurs, elle nous fait connoître la terre, les hommes qui l'habitent & les productions diverses qu'elle renferme.

La Peinture & la Sculpture exigent une connoissance suffisante de la Fable ; les temps fabuleux précedent les temps historiques & servent d'introduction à l'Histoire.

Celle du peuple choisi est également nécessaire à la Religion dont elle est la preuve, & à l'Histoire ancienne dont elle est le flambeau.

L'Histoire ancienne est aussi amusante qu'instructive ; elle fournit des exemples de vertu mâle, que l'on rencontre plus rarement dans les Histoires modernes.

Il seroit honteux d'ignorer l'Histoire de son pays, mais on ne peut la savoir passablement sans être instruite de celle des Nations voisines ; la seule curiosité suffit pour inspirer le desir de connoître celle du nouveau Monde, & des pays situés au-delà du Cap de Bonne-Espérance.

Enfin on est au moins obligé de savoir l'Histoire moderne du monde, depuis le temps des découvertes des Espagnols & des Portugais.

Nous n'omettrons point la lecture de ces ouvrages de morale qui élevent l'ame, qui enflamment le cœur : c'est-là que se trouve la plus sublime éloquence, & l'on ne peut faire un meilleur cours de Rhétorique.

Mais pour amener les Religieuses à goûter ce nouveau genre de vie, pour les rendre studieuses & appliquées, ne nous flattons pas que la voie de la persuasion puisse réussir seule. Je l'ai dit, il faudra recourir à l'autorité supérieure que chaque Evêque doit avoir dans son Diocèse. Le soin de cette réforme ne peut regarder qu'un premier Pasteur, & il est digne de lui. Quel plus important service peut-on rendre à l'État ?

D'abord il est nécessaire de gagner l'esprit des Religieux commis pour diriger les communautés. Leurs secrettes insinuations nuiroient sourdement aux attentions les plus suivies de l'Evêque le plus éclairé ; mais il a pour lui la facilité de ne mettre dans ces places que des hommes capables de le seconder. Qu'il examine ensuite l'intérieur de chaque Communauté ; qu'il se fasse rendre compte par l'Abbesse de la capacité des Sujets, & qu'il l'aide de ses conseils ; car ce ne sont pas de pieuses Pénitentes qu'il s'agit de placer aux Pensionnaires ; ce sont des Filles de mérite.

Dans les Maisons où les sujets manqueront (& il y en aura beaucoup,) combien de Filles de condition, sans pain & sans ressources, s'estimeroient heureuses qu'on voulût bien les recevoir sans dot ; il seroit juste qu'elles fussent assujetties à l'obéissance ; mais il le seroit aussi qu'elles fussent affranchies des austérités de la regle. Une Maîtresse de Pensionnaires est assez fatiguée du poids de sa charge. Le jeûne, en prenant sur son tempéramment, prendroit nécessairement sur son esprit, & affoibliroit ses lumieres. Le moral tient de si près au physique, qu'il est essentiel de ne l'en jamais séparer.

Soit qu'on admette ce projet, soit qu'on s'arrête à choisir des sujets dans le nombre des Religieuses, il faut également créer une espece de Noviciat pour les examiner & les instruire, s'assurer de la pureté de leurs mœurs, de la bonté de leur caractere, de la justesse de leur esprit, de l'égalité & de la douceur de leur humeur. Toutes ces qualités sont aussi nécessaires à réunir, qu'une piété sincere appuyée sur les principes les plus solides de la Religion. Celle qui ne pourroit offrir ses vertus pour modele & pour exemple, détruiroit ses avis par ses actions.

L'Abbesse ou la Supérieure doit être à la tête de ce Noviciat, & préposer une Fille d'esprit pour veiller à tout, leur en rendre un compte exact, & assister aux leçons des Maîtres ou des Instituteurs. Sans doute, cette Religieuse sera peu instruite elle-même ; mais il suffit qu'elle sache inspirer le goût de l'étude, & qu'elle paroisse en partager le travail, maniere la plus sûre de l'encourager. On y parviendra sur-tout, en procurant plus d'aisance, plus d'agrément & plus de commodité à toutes celles qui feront des progrès, qui montreront de l'émulation, de la capacité & un vrai desir de se rendre utiles. Le moyen de forcer les Communautés à avoir ces soins & ces justes égards, seroit de défendre l'instruction de la Jeunesse à toutes les Maisons qui n'auroient que des sujets médiocres à présenter. Le moyen de les indemniser de la dépense qu'elles seroient obligées de faire pour parvenir d'abord à former des sujets, ensuite à les récompenser annuellement de leurs travaux journaliers, seroit de rehausser le prix des pensions. Quand le Public sera rassuré sur leur façon d'élever les Enfans, elles auront plus de Pensionnaires qu'elles ne voudront, & qu'il ne conviendroit qu'elles en eussent pour l'honneur des Meres. Mais, dira-t-on, tout le monde n'est pas en état, sur-tout en province, de payer quatre on cinq cens livres au lieu de deux. Que ceux-là remplissent leur charge eux-mêmes, les Enfans s'en trouveront encore mieux.

Quelque difficile que paroisse, à l'inspection, ce projet, je suis convaincue qu'en moins de huit ou dix ans, on le verroit très-heureusement avancer. De tels abus ne se réforment pas sans soins ni sans travail ; il faut couper racine aux préjugés qui les ont nourris, y substituer des principes certains, & employer une pratique sûre.

Nous supposons ici des Religieuses, Filles d'esprit, sans autre talent que celui de savoir lire & écrire passablement ; mais bien convaincues de l'utilité des connoissances qui doivent précéder l'emploi important auquel on les destine. Six mois leur suffiront certainement pour apprendre la Grammaire & l'Orthographe : l'étude de la Géographie & de la Fable, celle de l'Histoire Sainte, dont il est à présumer qu'elles ont déja une idée, ne leur prendra guere plus du refte de l'année & la fuivante.

L'Hiftoire ancienne & moderne demandent environ trois ans, pendant lefquels elles fe fortifieront dans les autres connoiffances qu'elles auront acquifes ; car toutes ces études fe tiennent prefque par la main. On peut y joindre quelques lectures agréables qui leur donne une idée jufte des mœurs & des ufages de ce fiecle ; il faut qu'elles en fachent apprécier le bon & le mauvais, indépendamment de toutes les opinions premieres qu'elles peuvent avoir reçues.

Les ouvrages de Richardfon, pleins de vertu, d'efprit, de fentiment, & qui, par la diverfité des caracteres, préfentent une fi grande connoiffance du cœur humain, me paroiffent très-propres à remplir cet objet. Quelques-uns de nos meilleurs Théatres concourroient encore à nos vues, & le goût qui ne tarderoit pas à éveiller le fentiment, ameneroit bientôt l'ufage de bien lire ; quelques confeils de gens inftruits, en affureroient l'exercice.

A l'égard de ce qu'elles doivent favoir des loix & des coutumes relatives aux différentes natures de biens, l'Inftitution au Droit François, de M. l'Abbé Fleury, & quelques cahiers qu'on auroit foin de leur fournir fur les articles principaux du Droit Civil, fuffiront pour les inftruire.

Il n'y aura prefque rien à ajouter à ce qu'elles auront appris dans l'Hiftoire du gouvernement Ecclésiaftique, Civil & Militaire du royaume.

Les quatre regles de l'Arithmétique, avec la regle de Trois, ne leur prendront que quelques quarts-d'heure dérobés à leurs occupations. Mais je voudrois qu'on leur donnât quelques élémens de Phyfique & d'Hiftoire Naturelle ; cet objet eft des plus important pour élever des Enfans, il faut au moins favoir leur expliquer tout ce qui peut être à leur portée.

Si dès les premiers jours de leurs études on a foin de leur apprendre l'art de faire des extraits, dont on trouve de fi bons modeles dans plufieurs Journaux; fi elles fe font amufées à lire quelques volumes des Lettres de Madame de Sévigné, & des ouvrages de Madame de Lambert; fi elles ont profité des livres de piété, de morale & d'hiftoire qu'on aura mis dans leurs mains, elles auront une connoiffance fuffifante de ce qu'elles doivent montrer aux jeunes perfonnes, & la fixieme année pendant laquelle elles n'auront prefque plus rien de nouveau à apprendre, achevera de les affermir dans les talens convenables à leur profeffion : en vieilliffant dans leurs charges, elles s'inftruiront encore, & formeront des fujets dignes de les remplacer. L'ufage mal-entendu de changer les Maîtreffes au bout d'un certain nombre d'années, fera aboli. Cette charge fe trouvera être une des principales de chaque Communauté; toujours accordée au mérite, au favoir,

& la confidération en fera le prix. L'Abbesse ou la Supérieure ne négligera pas d'en donner des marques : elle admettra ces Religieuses dans fa fociété, elle leur procurera l'occafion de voir du monde, feul moyen de remédier à leur défaut d'ufage : l'Evêque lui-même voudra bien paroître les diftinguer, examiner leurs progrès, & veiller à ce qu'ils foient conduits auffi loin que l'exige la fin que l'on fe propofe.

Il feroit indifpenfable de leur former une Bibliotheque peu volumineufe, mais bien choifie, où elles puffent trouver les fecours dont elles auront befoin pour leurs Eleves. Je me bornerai à indiquer quelques Livres foumis à l'examen de l'Evêque, & auquel il conviendroit qu'il en ajoutât quelques autres (*).

(*) L'idée qu'on a dans le monde de la vie Religieufe, doit faire paroître abfurde la feule propofition d'introduire une Bibliotheque dans les Couvens. On ignore qu'il y a peu de grandes Communautés, où il n'y ait une affez grande collection de Livres des derniers fiecles & qu'il ne leur manque que les bons ouvrages modernes.

On

On ignore également qu'il n'y a peut-être pas un de ces Couvens, un peu renommé, où il ne se trouve des Religieuses qui lisent, & des Filles d'esprit ; il est vrai que ce ne sont pas ordinairement celles-là qu'on emploie à l'éducation de la Jeunesse, & ce que je demande, est qu'on les distingue, qu'on les choisisse. Si quelque chose est inconséquent & injuste, c'est de supposer une incapacité absolue à tout ce qui habite le Cloître, & de ne pas discontinuer d'y mettre ses Enfans. Mais les moyens d'instruction que vous proposez, me dira-t-on, sont très-difficiles, ils sont sur-tout trop étendus. Je n'ai rien promis d'aisé, parce que je n'ai rien entrevu de facile, & j'ai demandé beaucoup pour que l'on m'accordât un peu. D'ailleurs, la vraie maniere de critiquer une méthode, est d'en indiquer une meilleure, & je désire si sincérement qu'on la trouve, que je m'applaudirois d'en avoir fourni l'occasion.

BIBLIOTHÉQUE.

RELIGION.

L'Ancien & le Nouveau Testament.
L'Imitation de Jesus-Christ.
Le Traité de la Religion, par Abbadie.
Le Traité de l'Existence de Dieu, de Fénelon.
L'Ouvrage des Six jours, de l'Abbé Duguet.
La Vérité de la Religion, démontrée par la conversion de Saint Paul.
L'Année Chrétienne, du Pere Griffet.
Les Mœurs des Israëlites, & les Mœurs des Chrétiens, par l'Abbé de Fleury.
Les Sermons de Bourdaloue & de Massillon.
Le Catéchisme historique & celui du Diocèse.
Le Catéchisme sur les Fêtes, par Bossuet.

SCIENCES ET ARTS.

Education des Enfans, par Locke.
Celle des Filles, par Fénelon.
L'Education de la Noblesse françoise.
Le Traité des Etudes, par Rollin.
Quelques Ouvrages bien faits sur les Arts.

MORALE.

Considérations sur les Mœurs, de Duclos.
Les Offices de Cicéron.
Sénéque.
Les Essais de Nicole.
L'Art de se connoître soi-même, d'Abbadie.
Les Caracteres de la Bruyere.
Les Maximes de la Rochefoucault.
Les Pensées de Montagne, en un volume.

PHYSIQUE.

Le Dictionnaire de Physique.
Le Spectacle de la Nature.
Les Elémens de l'Abbé Nollet.
Les Mondes, de Fontenelle.

BELLES-LETTRES.

Le Traité de l'Orthographe en forme de Dictionnaire, imprimé à Poitiers.
La Grammaire de Restaut.
Les Principes de la Langue, par l'Abbé Girard.
Les Synonymes, du même.
L'Art de parler françois, de la Touche.
La Logique de Port-Royal.
Quelques-unes des Œuvres de Fontenelle & de Cicéron.
Mélanges de Littérature de M. d'Alembert.
Cours de Belles-Lettres de M. l'Abbé le Batteux.
Les Œuvres de Mad. de Lambert.
Les Lettres de Mad. de Sévigné.

SUITE DE LA BIBLIOTHÉQUE.

Les Œuvres de Madame de Maintenon.
Les Variétés Littéraires.
Essais sur le Bonheur, de le Beau.
Essais de Logique, de M. Bertrant.
Essais sur le Goût.
Rhétorique Françoise, à l'usage des Demoiselles.
Quelques morceaux d'Eloquence, comme les Oraisons funebres de Fléchier & de Bossuet.
Nos meilleurs Théatres.
Télémaque.
Les Poëmes de Gesner.
Celui des Saisons, de Tomson.
Celui de M. de S. Lambert.
L'Art Poëtique de Boileau.
Les meilleures Traductions d'Homere, de Virgile & d'Horace.
Un Recueil de Poésies bien choisi.

MYTHOLOGIE.

Le Dictionnaire de Mythologie.
Les Métamorphoses d'Ovide, nouvelle Traduction.
L'Explication de la Fable, par le même.
L'Histoire du Ciel, de l'Abbé Pluche.
Les Fables de la Fontaine.

ROMANS.

Quelques Romans historiques.
Le Spectateur Anglois.
Le Spectateur François.

HISTOIRE.

L'Atlas de l'Abbé Nicole de la Croix.
Celui de M. de Mornas, & quelques Abrégés bien faits.
L'Abrégé de l'Histoire ancienne, de Rollin.
L'Histoire de France, de l'Abbé Velly.
L'Histoire Romaine de Laurent Echard.
L'Histoire du Bas-Empire, de le Beau.
L'Histoire Universelle de Bossuet.
L'Histoire d'Angleterre, de Hume.
L'Histoire d'Ecosse de Robertson.
L'Abrégé de l'Histoire de France, du Président Hénault.
Les Hommes Illustres de Plutarque.
Le Dictionnaire des grands Hommes.
Les Mémoires les plus estimés.

Fij

Il est très-essentiel d'apporter le plus grand soin à retirer des Communautés tous ces ouvrages où la piété est défigurée par de fausses apparitions ou de faux miracles, & où l'on attribue à certaines prieres la vertu d'être exaucées dans toutes ses demandes spirituelles & corporelles ; rien ne déshonore plus la religion & n'affoiblit davantage l'esprit.

Tout ce que nous avons dit jusqu'ici, semble ne regarder que les premieres Maîtresses ; mais on sent qu'il est nécessaire que les secondes en sachent assez pour pouvoir les remplacer en cas de maladie : Les troisiemes ne peuvent se dispenser de savoir leur langue, & toutes ont besoin de leçon sur l'étude des caracteres & sur la maniere de les prendre. Il n'y a pas jusqu'à la Sœur destinée à servir les classes qui ne doive être une Fille au-dessus des autres, si ce n'est par l'éducation, au moins par le bon sens & la douceur.

La Religieuse qui aura été préposée pour conduire ce cours d'instruction, sera devenue capable de former de nouveaux sujets. Quelques Penſionnaires qui pourront prendre le parti du Cloître, contribueront encore à rendre ce fond inépuiſable. Ainſi l'on voit qu'il n'y a véritablement que la premiere dépenſe à faire ; & que dès la premiere année, les Communautés retireront beaucoup plus que l'intérêt de l'argent que les Maîtres leur auront coûté par l'augmentation des penſions.

Le bon ordre exigeroit qu'il y eût des Maiſons deſtinées uniquement pour les Femmes & pour les Filles d'un certain âge, & qu'on n'en reçût point dans les maiſons déſignées pour les Enfans. Ceux-ci n'y entreroient pas au-deſſous de ſept ans, & n'y reſteroient point paſſé dix-ſept ou dix-huit ans au plus. Le bas âge entraîne trop d'aſſujettiſſement ; l'âge de raiſon amene trop d'indépendance, exemple dangereux dans une claſſe où la ſubordination doit régner.

Il ſeroit auſſi très-avantageux d'établir deux claſſes ſéparées, l'une pour les Enfans de ſept ans juſqu'à douze, ſelon que leur raison & leurs talens seroient plus ou moins développés : ce seroit un motif d'émulation pour les jeunes personnes qui auroient envie de parvenir à la grande classe, & ce seroit une punition que d'être renvoyé à la premiere : deux puissans ressorts pour l'avancement de toutes. En même temps, comme il faut plus de capacité à mesure que les Enfans acquierent de discernement, il n'y auroit point de confusion; Maîtresses & Eleves seroient à leur place.

Je voudrois de l'uniformité dans les habits, cela prévient la vanité pour les unes, & la mortification pour les autres; mais une forme d'ajustement particuliere expose les jeunes personnes à paroître très-gauches lorsqu'elles entrent dans le monde. Il faut cependant, autant qu'on le pourra, établir en tout le plus d'égalité possible, même dans les choses de commodité, & parer à la dépense journaliere, souvent si rebutante pour les familles.

Comme on ne peut se passer d'une

forte de protocole pour une inſtruction publique ; voici à peu-près quel en pourroit être le plan. Peut-être les meres elles-mêmes feroient-elles très-bien d'avoir des heures marquées pour chaque leçon : l'ordre conduit toujours à l'exactitude.

La premiere action du jour doit être une priere commune. Une Maîtreſſe ne peut ſe diſpenſer d'y aſſiſter ni de préſider à la toilette pour veiller à la modeſtie, accoutumer à la célérité, inſpirer le goût de la propreté. Une extrême négligence eſt aſſez le défaut des Penſionnaires, malgré leur amour pour la parure : on ne ſauroit leur faire contracter de trop bonne heure, une habitude de ſoins néceſſaires à la ſanté : cette habitude conſervera une intention pure & ſimple ; plus tard ce ne ſeroit peut-être qu'un motif de coquetterie.

Une attention très-importante à avoir, eſt de ne pas laiſſer trop long-temps les Enfans à jeûn. Dans les Couvens, les repas ſe trouvent preſque les uns ſur les autres. L'eſtomac eſt, ou fatigué par le travail, ou tiré, ou affoibli par le befoin, deux chofes également nuifibles à la bonté du tempéramment : j'éloignerois toute application férieuse du moment de la premiere digeftion. Conferver le corps & fortifier la fanté, c'eft procurer ou affurer une plus grande liberté à l'efprit.

On trouve dans le premier Chapitre de l'Éducation par M. Locke, un grand nombre de pratiques utiles pour augmenter la force des Enfans, & pour les rendre fouples & adroits. M. des Effarts, Médecin de la Faculté de Paris, a fait un Traité exprès fur cette matiere ; on peut avoir recours à l'un & à l'autre. La nature qui n'a prefque pas mis de différence entre la complexion des garçons & des filles, jufqu'à l'âge de douze ans, nous montre que les mêmes moyens peuvent concourrir à leur donner une conftitution robufte. C'eft après la premiere digeftion que ces exercices leur font le plus néceffaires ; on peut les engager à s'en former un délaffement. Il réfultera de ces jeux, de ces courfes, encore un avantage : les jeunes personnes en auront l'air & le maintien plus dégagé & plus noble. On peut y joindre la pratique utile des moyens indiqués pour leur donner du courage & de la fermeté ; on les garantiroit de la terreur que pourroient leur inspirer les ténèbres & le tonnerre. C'est par ces soins prévoyans qu'on les prémunira encore contre la peur, & qu'on leur conservera la présence d'esprit si nécessaire dans le danger.

On néglige dans les Couvens ces heures & ces jours de délassement, parce qu'il y regne trop peu de philosophie pour en découvrir l'utilité ; souvent la maîtresse des récréations est *peu capable*, & les Enfans sont abandonnés à eux-mêmes. Que de momens perdus pour l'étude des caracteres ! C'est dans ces instans d'abandon qu'ils se dévoilent, que les disputes naissent au sein des jeux, que l'esprit de domination se montre, que la vivacité & l'aigreur percent, que la colere a son effet, que la vanité & la hauteur jouent leur rôle. Une Maîtresse attentive voit tout, sans en avoir l'air ;

trop adroite pour hasarder des réprimandes qui ne produiroient que de la contrainte, elle sait qu'il est un art de faire retomber les Enfans dans les mêmes fautes, elle leur en fournit l'occasion, elle la médite, & saisit la meilleure maniere de corriger.

C'est encore dans ces momens de dissipation & de promenade qu'on excite avec dextérité la curiosité des unes, qu'on satisfait celle des autres par de petits détails simples & naïfs, soit sur les élémens, les météores, les arbres & les plantes ; soit sur les animaux & les insectes, enfin, sur tout ce qui peut frapper leur vue où arrêter leurs regards. Les plaisirs de cet âge ont cela d'heureux, c'est qu'ils tendent tous vers l'utile & l'agréable ; tout dépend de la main qui les dirige.

La lecture, l'écriture & les principes de la Langue doivent être confiés à une même Maîtresse. Ces trois parties ont des rapports qu'il convient qu'une seule personne puisse rapprocher & faire valoir dans chaque leçon au profit de l'intelligence. L'heure de chaque leçon me paroîtroit convenablement fixée avant le dîner.

Une autre Maîtresse seroit chargée d'assister aux leçons des Maîtres ; elle auroit des heures marquées pour faire étudier les jeunes personnes qui en avanceroient plus vîte. De même, elle leur montreroit la maniere d'apprendre par cœur ; elle leur faciliteroit l'intelligence des choses que les Enfans n'oublient si promptement que faute de les avoir comprises. Que cette Maîtresse donne à toutes ses Eleves la liberté de venir lui demander ce qu'elles n'entendent pas ; bientôt cette méthode produira tout l'effet qu'on peut en attendre : je préférerois pour ce moment d'étude, l'heure du soir comme la plus favorable à la mémoire : d'un côté les objets extérieurs ne distraient plus ; de l'autre, la nécessité de retenir, au moins jusqu'au lendemain, oblige les Enfans à s'occuper quelquefois de ces objets, & ils s'inculquent davantage.

Il est indispensable qu'une Maîtresse couche à portée de la classe, &

qu'une Sœur converse soit placée de maniere à avoir l'œil sur tous les lits pour ne souffrir aucune conversation particuliere entre les Enfans. Ce temps de silence a, tout comme un autre, son motif d'utilité relatif à plus d'un objet; cela les apprend à savoir se taire, à s'entretenir avec elles-mêmes. Il est aisé de leur suggérer de repasser sur ce qu'elles ont étudié le jour, en leur demandant pendant leur toilette une espece de compte de leurs petites réflexions. Insensiblement elles s'habitueroient à penser; l'esprit, la mémoire, le jugement y gagneroient infailliblement, & l'imagination erreroit moins au gré de ses caprices.

Je voudrois que cette même Maîtresse fût chargée d'accompagner les Pensionnaires au Parloir; il est de la plus grande importance de ne les y jamais laisser seules, excepté avec des parens très-proches désignés par les Meres. Un frere est quelquefois une société dangereuse pour une jeune personne; les Religieuses refusent de le croire, mais on les invite à prévenir l'expérience qu'elles en pourroient faire, & dont les suites se réparent difficilement : il ne faut qu'une imagination échauffée dans une Classe, pour allumer toutes les autres.

L'emploi de l'après-dîné, doit être partagé entre les Maîtres, les répétitions, le travail des mains & une lecture générale. Il est nécessaire de varier les occupations des jeunes personnes ; une application trop soutenue sur le même sujet, nuit à l'esprit & à la chose qu'on veut qu'elles retiennent : ces détails ne peuvent être confiés qu'à la premiere Maîtresse. Nous n'avons pas besoin sans doute d'insister ici de nouveau sur la nécessité de faire de la Religion son premier objet d'instruction, & sur-tout de la dépouiller de ces affectations qui souvent menent à l'hypocrisie, ou de ces craintes superstitieuses qui insultent au Christianisme : sur cet important article, les Maîtresses peuvent être guidées par les Ecclésiastiques chargés de leur spirituel.

CONTINUATION DE LA II*e* PARTIE,

Qui peut offrir quelques lumieres fur la maniere de prendre les caracteres & de corriger les défauts

LORSQUE les Enfans font un peu avancés, il faut obferver de ne pas s'arrêter à l'ordre des demandes & des réponfes : cet ordre les aide beaucoup dans les commencemens, mais il trompe fouvent fur leurs progrès. Il eft toujours fage de ne point les fatiguer de leçons de morale : à tout âge on hait le pédantifme. Une Maîtreffe adroite fait au bout d'un certain temps mettre en action l'amour propre de fes Eleves ; ce n'eft plus elle qui analyfe une qualité, qui définit une vertu, qui développe un principe ; elle fe borne à propofer une queftion, tantôt à l'une, tantôt à l'autre ; par-là elle s'affure de la juftesse des idées, juge les différentes tournures d'imagination, apprécie les talens, & excite une émulation très-différente de celle qui naît des louanges ou des reproches. Jamais n'offrez de modeles aux Enfans, c'est-à-dire, jamais ne les mettez ni au-dessus, ni au-dessous de leurs compagnes; la vanité ne les induira que trop tôt à faire ces dangereuses comparaisons. Apprenez-leur simplement à être elles-mêmes, à ne rien faire par imitation, mais par goût ou par principes. Evitez ce propos trivial : *Une Demoiselle de votre rang doit savoir cela* ; bornez-vous à leur montrer sous des faces attrayantes toutes les choses que vous voulez leur rendre propres ou familieres : quoiqu'il y ait très-peu d'Enfans indolens, cette méthode réussira même avec eux ; l'émulation naîtra tout naturellement, & il n'y a que celle-là de bonne.

On se méprend souvent sur la maniere de corriger ou de prévenir les vices. On fait horreur d'un coupable, & c'est le vice seul qu'il faut montrer odieux. Les grands défauts de caracteres sans doute tiennent beaucoup à notre organisation, mais combien de défauts qu'on rejette sur la foiblesse humaine, & qui naiffent de l'Education? Les Enfans en qui on aura fu affoiblir les uns, & prévenir les autres, feront les plus heureux; mais on ne peut pas fe flatter que ce foit le plus grand nombre. Trop peu de gens connoiffent l'art de corriger la jeuneffe. Communément on croit devoir mettre la peine qu'on inflige, en oppofition directe avec le vice qu'on attaque. Si un Enfant eft gourmand, par exemple, on lui impofe des privations outrées. Qu'eft-ce que la gourmandife demanderois-je à l'Inftituteur ? Un appétit déréglé que rien ne raffafie parce que le plaifir l'étend au de-là du befoin. Que fait la privation ? fentir plus vivement le befoin & le prix de la chofe refufée.

Vous aiguillonnez donc le vice, au lieu de le déraciner; la honte que vous en auriez fait, jointe à un moment de fouffrance que vous auriez fu faifir, vous auroit mieux fervi fi l'Enfant a un peu d'ame; mais fi la punition lui eft abfolument néceffaire, je la chercherois

dans

dans tout autre plaisir que le manger.

Nous avons déja fait voir que la plupart des vices tiennent plus à l'éducation qu'à la foiblesse humaine ; mais il nous reste à indiquer de meilleurs moyens que ceux qu'on emploie pour les déraciner. Communément on croit devoir mettre la correction en opposition directe avec le défaut qu'on attaque. Si c'est la *hauteur*, la *vaine gloire*, *l'amour de la parure*, on dépouille un Enfant de ses habits, on le revêt de toile, on change sa coëffure ; enfin, on l'humilie, ou du moins on croit l'avoir humilié. S'il s'agit de la gourmandise, on lui impose de fortes privations qui aiguillonnent encore le desir, souvent même le besoin, & quelquefois on altere sa santé. Avant d'infliger aucune peine, je voudrois qu'on eût la patience de raisonner avec l'Enfant sur le motif qui l'a fait agir ; alors on le puniroit bien plus efficacement pour lui, & sur-tout pour l'exemple des autres : car si l'acte de hauteur part de la fierté du caractere, si la vanité émane de la médiocrité de l'esprit, une attention soutenue à saisir le ridicule de ces défauts, des avis discrets donnés à propos, feront plus d'impression à cet Enfant que cent punitions journalieres. En général, c'est par la vertu opposée qu'il faut combattre le vice; à mesure qu'elle le repousse, elle en prend la place.

Un article sur lequel il ne peut jamais y avoir de tolérance, c'est sur les rapports; vice de caractere qui annonce la fausseté, l'abus de la confiance, une sorte de trahison dangereuse dans la société. Je ferois supporter à l'*Accusante* la même peine qu'à l'*Accusée*, & je lui en expliquerois les raisons.

Je n'userois pas moins de sévérité pour le mensonge, ce vice odieux (effet déplorable d'une éducation mal entendue, dont la nature auroit eu soin de nous préserver, si on ne fût pas venu la troubler dans ses desseins. « Je trouve, dit
» Montagne, qu'on s'amuse ordinairement
» à châtier les Enfans des erreurs inno-
» centes, qu'on les tourmente pour des

» actions téméraires qui n'ont ni impref-
» fion ni fuite; la menterie feule & un peu
» au-deffous, l'opiniâtreté me femblent être
» celles defquelles on devroit à tout inf-
» tant combattre la naiffance & le progrès;
» elles croiffent quant & eux; & depuis
» qu'on a donné ce faux train à la langue,
» c'eft merveille, combien il eft impoffi-
» ble de l'en retirer; par où il advient
» que nous voyons les honnêtes hommes
» d'ailleurs y être fujets & afservis. Nous
» fommes tous hommes, & ne tenons les
» uns aux autres que par la parole. Si,
» comme la vérité, le menfonge n'avoit
» qu'un vifage, nous prendrions comme
» certain l'oppofé de ce que diroit le
» menteur; mais le revers de la vérité a
» cent mille vifages, & un champ indé-
» fini ».

C'eft donc à ce vice que je ne crain-
drois pas d'appliquer les corrections les
plus humiliantes pour mieux faire fentir
qu'il eft le plus méprifable : bientôt j'inté-
refferois l'amour-propre, & il ne tarderoit pas à être de mon parti. Alors, je

montrerois la vérité fous fes plus beaux dehors ; le menfonge fous toutes fes formes hideufes. Je n'alarmerois l'Enfant par ma défiance, qu'autant de temps qu'il le faudroit pour lui faire éprouver le befoin de mon eftime ; au moment où je paroîtrois la lui rendre, ce feroit fur le témoignage de fon cœur ; témoignage dont je lui exalterois le prix. Je ne veillerois pas moins fur fa fincérité, mais je veillerois fans que l'Enfant pût s'en douter, & je crois qu'il n'en auroit pas befoin long-temps.

La fauffeté & la diffimulation qui font moins groffieres, mais peut-être encore plus dangereufes que le menfonge, font auffi plus difficiles à détruire : je ne connois que les mêmes moyens : confondre & humilier la coupable. On fait quel puiffant *agent* l'amour-propre eft pour le cœur : il faut éviter de s'en fervir quand il peut avoir un effet rétroactif fur lui-même ; mais toutes les fois que le vice lui eft étranger, loin de courir aucun rifque, vous dirigez cet amour-propre vers la gloire attachée à la vertu, & vous le transformez en prnicipe vertueux.

Quelques Enfans font nés fi vifs, fi impétueux, ils ont un fang fi bouillant que leur imagination les emporte fans ceffe. Ceux-là font impatiens par activité ; leur caractere exige beaucoup de ménagement & une grande douceur. Il faut leur apprendre à fe connoître, à fe défier du premier mouvement ; leur indiquer quelques petites pratiques journalieres pour parvenir à fe modérer, & les interroger quelquefois fur le peu qu'ils ont obtenu d'eux-mêmes ; infenfiblement on les corrigera autant qu'ils peuvent l'être. « Un cœur » neuf & ingénu, dit Séneque, fuit fans » peine le chemin qu'on lui montre ; on » ne trouve de difficulté à obéir à la nature » que lorfqu'on s'eft accoutumé à enfrein- » dre fes loix; on ne doit pas même dé- » fefpérer de ceux qui paroiffent les plus » endurcis ; car il n'eft rien dont on ne » puiffe venir à bout par des foins atten- » tifs, un courage à l'épreuve & une conftance opiniâtre. On parvient à redref-

» ser les arbres pliés ; le feu redresse les
» poutres tortuées : combien il est plus
» aisé de réformer l'ame qui est plus mo-
» bile & plus souple que l'eau » !

Le même Auteur nous décrit d'une maniere bien énergique les dangereux effets de la colere, dont il est si nécessaire de corriger les Enfans. « Un naturel colere,
» dit-il, peut être modéré par l'éduca-
» tion : ceci exige de grands soins. Le point
» essentiel est de garder un juste milieu de
» crainte qu'en voulant réprimer la trop
» grande vivacité, on n'émousse la pointe
» du génie : il faut se servir habilement,
» tantôt du frein, tantôt de l'aiguillon ;
» donnons-leur du relâche ; mais empê-
» chons-les de se livrer au plaisir ».

La colere est une passion véhémente, un mouvement désordonné de l'ame : dans les uns, l'effervescence du sang en fait une espece de folie, dont l'acte n'est pas de durée ; dans les autres, c'est une sorte de fiévre qui a ses gradations, & dont le dernier période est quelquefois plus fort que le malade : on a vu des Enfans en perdre connoissance ; on les voit presque tous pâlir. Cette colere est celle des caracteres taciturnes & attrabilaires ; elle semble tenir de la mauvaise qualité des humeurs ; & c'est la plus dangereuse : pour l'une comme pour l'autre, le moment de la réprimande n'est pas celui de la faute. Emporter un Enfant, l'enfermer seul, l'y laisser assez de temps pour que, revenu à lui, il se trouve livré à la honte ; c'est tout ce que l'on peut faire de mieux & de plus fort. Les effets violens de cette passion laissent après eux un vuide qui étonne d'abord ; mais que bientôt le repentir & la réflexion viennent remplir. Saisissez cet instant où le feu de l'imagination tombe, où le cœur échauffé par la passion reste susceptible de l'être par la vertu : alors tout vous seconde, sa faute lui parle encore, les circonstances lui en sont présentes ; plus tard, vous seriez obligé de les lui rappeller ; peut-être vous échapperoient-elles, & lui parleriez-vous moins bien.

Les Enfans qu'on aura élevés avec les

soins décrits dans la premiere Partie de cet Ouvrage, n'auront sûrement aucuns de ces vices ; mais comme la perfection n'est qu'un but auquel la vertu fait tendre, & que l'humanité n'atteint jamais, persuadons-nous d'avance qu'ils auront des défauts ; moins on leur en laissera, plus ils seront heureux.

La curiosité qu'on nourrit dans les Enfans, est un moyen que la nature nous prête jusqu'à un certain âge ; mais les Femmes sont sujettes à en abuser, si l'on n'y met des bornes. Permettez les questions sur les choses, & rarement sur les faits personnels, cela deviendra une affaire d'habitude. « L'habitude, dit Séneque, est » une seconde nature qui adoucit tout ; » ce qu'on faisoit d'abord par nécessité, » devient agréable par l'usage ».

Un Enfant accoutumé à la droiture & à la franchise, dira la vérité toute nue, il s'en trouvera de dure ; examinez si c'est par vivacité, par trop grande fermeté de caractere, ou par simplicité d'intention ; gardez-vous de blâmer la franchise, on s'en corrige assez-tôt. Partez de ce principe si connu & si vrai, *qu'il faut penser* ce que l'on dit, mais se garder de dire tout ce *que l'on pense* : élevez leur esprit au-dessus de ces petites querelles qui font naître l'aigreur : apprenez-leur sur-tout que le besoin d'indulgence pour soi, entraîne la nécessité d'en avoir pour les autres.

Beaucoup de jeunes personnes sont d'une sensibilité extrême ; la moindre *répréhension* semble les blesser. Est-ce amour-propre ou affuction de l'ame ? Souvent vous verrez que ce sera l'un & l'autre ; ménagez la sensibilité, modérez l'amour-propre, montrez le peu de prix d'un repentir qui n'auroit pas d'autres principes ; & conduisez ces jeunes personnes à ne jamais faire en secret, ce qu'elles rougiroient de faire devant un témoin. Accoutumez-les à regarder leur conscience comme leur premier juge ; procurez-leur enfin cette paix si douce qui ne se trouve que dans le témoignage intérieur.

On ne peut non plus leur inspirer trop tôt toutes les qualités sociales ; la douceur, la politesse, la discrétion, une certaine urbanité dans les mœurs, de la sûreté dans le commerce, des sentimens vrais, de la probité de fait & d'intention, beaucoup de prudence, de la compassion pour les malheureux, de la vénération pour la vertu, dans quelque rang qu'elle se trouve; toutes ces choses demandent une définition proportionnée à l'intelligence de l'âge & adaptée au caractere.

A l'inspection, il semble que ce soit surcharger les Enfans, les fatiguer de leçons; mais qu'on observe qu'on ne dit pas en un mois, ce qu'on lit ici en un quart-d'heure; que c'est à une Maîtresse prudente à administrer chaque instruction suivant les occurrences; que ces instructions s'appliquent ou s'adressent un jour à l'une, un jour à l'autre; qu'il n'y en a jamais qu'une qui en supporte le poids, tandis que toutes les autres en profitent, & qu'enfin la sagesse, l'aménité qui les dispense, selon le besoin, loin de les rendre ennuyeuses pour aucunes, doit les faire goûter & paroître aimables à toutes.

Une Maîtresse, au milieu de ses Eleves, doit leur tenir lieu de mere, & leur en offrir sans cesse l'image par un caractere de bonté, de juſtice, d'intérêt & de fermeté. Qu'elle ſoit douce, mais inébranlable : qu'un *oui* ou un *non* ſoit ſans *rappel*, mais que jamais la partialité ni l'aigreur ne le faſſent prononcer : l'égalité d'humeur eſt la première vertu qui parlent aux yeux des Enfans. Autant qu'on le peut, il faut commencer par gagner leur cœur ; enſuite aux ſeules modulations de la voix, ils ſavent vous entendre. Le plaiſir d'avoir bien fait, celui de vous avoir contenté, ſont enſemble la ſeule récompenſe qu'on doit les apprendre à enviſager & à goûter. *Châtiment* & *récompenſe*, voilà comme ſe menent les hommes à tout âge, s'écrie le vulgaire : moi, je dis, *amour*, *reſpect* & *eſtime*, voilà le mobile le plus ſûr ; la crainte retrécit l'eſprit & produit la diſſimulation. L'eſpoir des récompenſes fait contracter l'habitude de ne rien faire que par intérêt ; il mene inſenſiblement à la pareſſe, & finit par autoriſer la déſobéiſſance. Si malheureuſement pour le maintien du bon ordre & du bon exemple, on eſt forcé de recourir à la punition, que ce ſoit ſans humeur, que les

Enfans eux-mêmes en fentent la juftice; qu'ils apprennent de bonne heure que chaque faute entraîne fa correction, ainfi que Zénon difoit à fon difciple qui s'excufoit d'avoir volé fur ce que fon deftin l'y avoit forcé : *le deftin qui a voulu que tu volâs, veut auffi que tu fois puni.*

Mais pour rendre les corrections faciles, pour me préferver d'en appliquer qui portent à faux, je commencerois par tâcher d'infpirer le goût des chofes utiles : ces chofes me ferviroient enfuite d'objet de privation ; d'un côté, je punirois, de l'autre, j'affermirois le goût que j'aurois fait naître, en l'aiguillonnant. C'eft ainfi qu'en analyfant le phyfique & le moral, on parvient à les rapprocher, & qu'en les prenant pour guides, la conduite refte toujours conféquente à la nature. Voilà la vraie éducation philofophique, la feule faite pour réuffir.

Il éft des chofes qu'on veut laiffer ignorer trop long-temps aux Enfans, & qu'ils parviennent à découvrir feuls. Une perfonne fage, en les inftruifant, fauroit prémunir leur ame contre les écarts de l'imagination. Ces premieres impressions font d'autant plus dangereuses, que forcés d'employer un temps infini à tirer de fausses conjectures, toute l'application des Enfans se tourne de ce côté-là, & les idées bonnes ou mauvaises qu'ils prennent, restent empreintes pour toujours dans leur cerveau.

On a beau se persuader qu'en s'observant exactement devant les jeunes têtes, il suffit que nul objet obscène ne puisse frapper leurs yeux pour couper racine à leur curiosité, leur ôter le moyen d'avoir des notions précoces, & leur conserver ce bien si précieux, la candeur de l'innocence; on se trompe, la nature n'est jamais neutre, elle semble même parler plutôt chez les Femmes. Ce n'est point à nier témérairement ses effets que consiste l'art, c'est à savoir modifier les uns, tempérer les autres, les diriger tous vers l'honnête : or pour cela, il faut les faire connoître, & savoir avouer ce qu'il n'est plus temps de taire.

J'en reviendrai toujours à mon précédent système ; rendez votre accès facile aux Enfans, gagnez leur confiance, laissez-leur la liberté de tout dire : faites qu'ils s'adressent spécialement à vous pour tout apprendre. Ne dédaignez point de les écouter en particulier ; inspirez-leur de vous demander en secret tout ce qui les embarrasse ; car la candeur produit cette *timide honte* qu'il est important de nourrir, c'est le soutien de la modestie : enfin soyez discrette, même sur les petites choses, l'Enfant vous ouvrira son cœur avec moins de crainte ; vous saurez tout ce qui s'y passe ; il contractera lui-même l'habitude de la discrétion ; & la discrétion conduit à la prudence ; qualités bien essentielles pour soi & pour les autres.

Je conviens qu'il est des questions embarrassantes. Cependant il n'en est pas auxquelles on ne doive répondre vrai. Mais comme la question d'un enfant ne renferme pas toujours tout le sens qu'elle nous présente, ne vous pressez pas d'étendre ses idées. S'il se contente d'une définition vague, il ne faut rien de plus pour le moment ; attendez-le. Si au contraire il vous paroît occupé de fon objet, cherchez des expreſſions décentes, & preſſez-vous de le fatisfaire ; car l'imagination qui travaille pour trouver des *à peu-près*, peut fe dérégler, & les vices, les écarts d'une mauvaiſe conduite, n'ont fouvent pas d'autre fource. « Quoiqu'on ne parle » jamais de ces choſes-là dans la ſociété, » dirai-je, il eſt juſte ma chère petite » que vous vous adreſſiez à moi pour » éclaircir vos doutes, puiſqu'il vous in- » quiètent ; mais actuellement que vous » voilà inſtruite, ne ſentez-vous pas que » vous auriez honte de vous arrêter à » ces penſées ». Perſuadez aux enfants qu'ils aiment la modeſtie & la pudeur, lorſque quelques idées contraires leur viendront, ils rougiront d'eux-mêmes, & les rejetteront. D'ailleurs, leurs diverſes queſtions peuvent être ſéparées, & il ne faut répondre préciſément qu'à ce qu'ils demandent. Lorſqu'ils vous ſurprennent, ou que vous voulez éviter d'inſtruire les autres, ſans paroître éluder, faites, de votre réponſe, un objet d'émulation ; dites à l'enfant quand vous aurez bien appris *telle chose*, je satisferai votre curiosité.

Je n'étendrai pas plus loin ces détails (*); ils doivent présenter suffisamment la possibilité de tout dire honnêtement, & sans danger. Il y a eu, je crois, plus de jeunes personnes perdues par la facilité d'abuser de leur ignorance, que par l'abus qu'elles ont fait du peu qu'elles savoient; mais je ne présume pas que celles qui seront instruites de cette maniere, soient jamais ni entraînées par le déréglement de leur imagination, ni victimes d'une funeste expérience.

Je n'entrerai pas non plus ici dans le détail des soins qu'exige la culture de l'esprit & du cœur ; je me réserve d'offrir dans la troi-

---

(*) On a un excellent modele en ce genre, intitulé : *Conversation d'Emilie*, ou *Conversation d'une Mere avec sa Fille*. Le Public a tellement accueilli cet ouvrage qui parut en 1774, que dès l'année suivante il y eut une seconde Edition. On a sur-tout su gré à l'Auteur d'une intention qui fait autant d'honneur à son cœur qu'à son esprit. Une Femme capable de mettre cette suite dans les premiers développemens de l'enfance, fait à la fois preuve de discernement & de sensibilité.

fieme Partie de cet Ouvrage, les moyens d'orner l'un & de former l'autre. Les Religieuses pourront les employer aussi fructueusement que les Femmes du monde, mais toujours avec moins de facilité. Nous sentons combien il faut de vertu pour se dévouer ainsi au bien public, & combien il faut de talent pour l'opérer. Une réforme générale paroît presque toujours impossible, parce que personne n'ose la tenter ; cependant quelle autre voie pour rendre l'Education des Couvens meilleure? Tant qu'elle ne le sera pas, quel espoir reste-t-il de voir les Femmes répondre unanimement à tout ce que la nature donne droit d'attendre d'elles ? Il y en aura toujours plus d'élevées dans le cloître que dans le monde, & de leurs vertus sociales & morales dépendront toujours les mœurs des hommes. Elles ne font pas le corps de l'Etat, mais elles sont une partie indivisible du tout ; en vain s'efforce-t-on de la séparer. L'attrait déterminé par la nature, est un lien que rien ne détruira : grande & sage dans ses vues,

Tome I. H

la maniere dont nous les méconnoiſſons fait ſeule notre malheur. De pernicieux qu'eſt cet attrait, il ne tient qu'à nous de le rendre utile; alors, au lieu de nous égarer, il dirigera toutes les actions des hommes vers le plus grand bien. Les Femmes créées pour être aimées, dès qu'elles feront vertueuſes, feront adorer la vertu. Heureux les temps où elles firent naître l'idée d'emprunter leur image pour la caractériſer; plus heureux encore celui où toutes les Femmes en offriront le modele! Uue nouvelle forme d'Education peut ſeule l'amener; ce ſera l'époque d'une grande révolution dans les Etats civiliſés; car où les mœurs ſont pures, les hommes ſont heureux; où les hommes ſont juſtes, les événemens n'ont que des cauſes naturelles & ſupportables: par-tout ailleurs, regne le déſordre; ſoins juſtes & prévoyans d'une bonté ineffable qui a voulu que même notre félicité préſente dépendît de l'honnêteté de l'ame, & que le bonheur infaillible, prix de la perfection, lui donna plus d'attrait.

TROISIEME PARTIE.

Nous voici arrivés à ce terme où la Jeuneſſe encore heureuſe par l'innocence, réclame les ſecours d'une main habile qui ſache prolonger cet état, en l'inſtruiſant à régler ſes penchans. Mieux on a ſu diriger l'ame vers la ſenſibilité, préparer le cœur à ſentir, & l'eſprit à juger, plus les paſſions ſont prêtes à s'emparer de nous. Déja elles commencent à élever ce trouble que *decelent* les fauſſes alarmes de la pudeur. On n'entend plus, ſans rougir, mille choſes dont on avoit ri ſans y rien comprendre. On s'inquiéte de ce que l'on va dire ; on regrette le mot qui eſt échappé. Sur tous les objets on s'obſerve, on ſe recherche, le moindre regard intimide ; on craint la critique, on attend l'approbation. L'enjouement & la gaieté font place à l'embarras ; chaque jour le deſir de plaire s'accroît.

Défir utile dans son principe, dangereux dans ses effets, quelquefois funestes par ses suites, celui qui demande le plus à être modifié & restreint. Il naît presque avec nous ; l'éducation ordinaire l'augmente, mais la bonne éducation l'asservit aux bornes étroites de l'honnêteté. En tout, c'est peu d'avoir prévenu le vice, de s'être opposé aux défauts du caractere; ce sont les vents renfermés dans l'outre, présent dangereux fait à Ulysse ; si vous cessez de surveiller, l'événement trompera de même vos premiers soins.

Jusqu'à présent nous n'avons pu faire de toutes les vertus qu'un objet de spéculation : le moment est venu d'en amener la pratique & l'amour : mais quelle vaste carriere à parcourir ! vertus privées, vertus sociales, vertus morales, vertus grandes & sublimes ; toutes cependant tiennent les unes aux autres ; toutes sont liées par des rapports cachés qui font qu'elles se prêtent des secours mutuels : ces rapports sont apperçus de peu de gens: ils se sentent mieux qu'ils ne se définis-

fent ; & c'eſt ſans doute, ce qui a fait dire que la vertu eſt *une*. Mais ici chaque principe doit être décompoſé pour en mieux faire connoître les reſſorts. Aimer le bien, même le pratiquer, ne ſuffit pas ; il faut inſpirer ce tact fin & délicat qui ſaiſit la meilleure maniere de l'exercer. On ne peut tout attendre des exemples ; les diſcours parlent foiblement à l'ame faite uniquement pour ſentir : c'eſt donc en s'attachant à la culture de l'eſprit qu'on trouvera dans l'étude de l'Hiſtoire, le plus d'occaſions de faire naître ces obſervations utiles, ces diſtinctions heureuſes, & ces applications ſi eſſentielles. « Un beau natu-
» rel, dit Cicéron, a plus ſouvent réuſſi
» ſans étude, que l'étude ſans un bon natu-
» rel ; mais la réunion de tous les deux,
» eſt ce qui forme le mérite ſupérieur,
» le mérite ſingulier : Lélius, Furius &
» Caton auroient-ils cultivé les Lettres
» avec tant d'ardeur, s'ils avoient jugé
» que ce fût un ſecours inutile pour acqué-
» rir la vertu, & pour en remplir les
» devoirs ».

Communément c'est au sortir de l'enfance que la Jeunesse perd ce désir d'apprendre, desir qui la conduiroit si sûrement au plaisir de savoir. Il semble que la curiosité s'arrête au moment où elle n'est plus excitée par les besoins physiques, & qu'hors des premieres entraves de la nature, les enfans qui commencent à penser, surpris de leur nouvel état, restent dans cette sorte d'inaction que produit un grand étonnement. Ignorant ce qu'ils sentent, ce qui les agite, tout est pour leur cœur un objet qui captive l'esprit. L'activité de l'imagination renouvelle ces objets, les varie, les multiplie à l'infini ; mais tous sont relatifs à l'intérêt du plaisir, à ce qui flatte l'amour-propre, à ce qui aiguillonne la vanité ; enfin à cet amour de soi si naturel, qu'il embrasse tout ce qui l'environne.

Telle est la Jeunesse, (presque toujours précoce chez les Femmes,) lorsqu'elle est abandonnée à elle-même, temps précieux & décisif pour lequel nous avons ménagé un plus heureux développement. L'âge où les sensations se multiplient, prescrit

de lui-même la nécessité d'occuper l'esprit, si l'on veut garantir le cœur. On n'a plus à craindre de forcer les fibres du cerveau, elles ont acquis assez de consistance pour résister à l'habitude du travail. Mais pour le rendre fructueux ce travail, il faut commencer par où tant de gens finissent : c'est à établir un certain ordre dans les idées qui dispose le jugement à se former de lui-même. « La Logique, dit un Au-
» teur moderne, nous prescrivant des re-
» gles sur la maniere de diriger nos fa-
» cultés dans la recherche de la vérité ; il
» paroît que c'est une des premieres scien-
» ces à laquelle on doit s'appliquer. La
» vraie Logique est l'art de penser juste,
» de conduire l'esprit à la vérité, en lui
» donnant de la justesse : c'est l'art qui nous
» fournit des regles pour découvrir la vé-
» rité, & pour la communiquer aux au-
» tres : c'est l'art, en un mot, de former
» l'esprit en le cultivant ; art utile à tous
» les hommes, dans tous les temps, en
» quelque état qu'ils soient placés ».

Les Femmes, sans doute, ne sont pas destinées à faire des études profondes, & je n'ai jamais prétendu les y engager. Il est encore plus essentiel de rectifier l'esprit que de l'orner. L'essai où les premiers élémens de Logique de M. Bertrant, seroient plus que suffisans pour donner aux jeunes personnes une idée de cette science, & ce petit ouvrage indiqueroit aux Meres une pratique simple & aisée, sur la maniere d'apprendre à *différencier* les idées. « On sait, dit l'Auteur, qu'une idée est la simple représentation d'une chose, qu'il y a des idées claires, distinctes, profondes, pleines, abstraites & universelles. Les mots sont les signes de nos pensées. Le discours est l'assemblage convenable des mots ; c'est par ce moyen que nous exprimons nos idées. Les regles à cet égard sont l'objet de la Grammaire & de la Rhétorique ; l'une parle à l'esprit, l'autre au sentiment. La pureté du langage contribue à rendre nos idées agréables. La facilité à s'expri-

» mer s'acquiert par l'habitude de les définir;
» cet exercice donne de l'étendue à l'efprit,
» il eft capable feul, dit M. de la Chalotais,
» de le former, d'apprendre à parler & à
» écrire avec exactitude & précifion ».

Des définitions on peut paffer aux divifions en accoutumant les jeunes perfonnes à mettre de l'ordre dans le récit de quelques fermons, de quelques difcours, ou de quelques plaidoyers. C'eft un moyen heureux de leur rendre familier le talent de parler avec grace, aifance & nobleffe ; même celui de narrer & de conter agréablement, plaifir réel pour les autres, & qui n'eft jamais nul pour foi.

L'ufage des abrégés, des extraits, des analyfes auquel on peut les accoutumer par gradation, affurera le profit de leur lecture, démontrera le progrès de leur jugement ; & le choix des morceaux dévoilera auffi la tournure de leur efprit, qui toujours prend la teinte du caractere : c'eft à régler l'un par l'autre que l'on doit le plus s'attacher. Du peu d'union qui existe entre le caractere & l'esprit, naît souvent l'inconséquence des actions, & généralement celle de la conduite; de-là vient que tant de Femmes, agissent contradictoirement à leur façon de sentir; qu'elles connoissent le bien sans avoir la force de le pratiquer, & qu'il est si facile de faire varier leur maniere de voir.

Les effets sont connus, mais peut-être reste-t-il encore une cause cachée; je crois l'appercevoir dans le peu de philosophie qui regne dans ce que nous appellons aujourd'hui *la bonne, la meilleure Education*. Ce n'est point le caractere donné par la nature qu'on cherche à former; c'est le sien, ce sont ses goûts que la plupart du temps on s'efforce d'y substituer : les difficultés alors se multiplient, elles font imaginer que le sujet est ingrat, tandis que ce n'est que vous qui êtes aveugle, & de ce travail sûrement pénible, il ne peut résulter qu'un de ces caracteres mixtes, si commun & si foible.

On devroit enfin fe laiffer convaincre que la nature toujours fage dans fes vues, ne cede point à la contradiction : pour la jeuneffe ; elle vous demande un guide éclairé qui la feconde, & non une main téméraire qui décompofe fon ouvrage. Etudiez, cultivez, mais défiez-vous du fol orgueil qui veut créer, & de cet amour-propre maternel qui s'attache à faire briller l'efprit aux dépens de la raifon. Rarement en garde contre des louanges que l'on partage, il arrive qu'on les recherche pour foi, & que l'Eleve croit les recueillir feule : c'eft un double écueil dont peu de Meres favent fe défier.

La Jeuneffe veut être encouragée fans doute ; mais on y réuffit mieux par le ménagement de la critique, que par l'excès des approbations. Il eft un art de prifer les qualités du cœur & de l'efprit propre à en infpirer l'amour, & à diminuer la vanité attachée à poffeder ces qualités. Je fuppofe qu'il foit queftion d'examiner un extrait paffablement fait pour l'âge & le peu d'habitude. « Vous avez faifi l'ef-

» fentiel, dirois-je, cela annonce du juge-
» ment ; mais voici quelques détails minu-
» tieux auxquels un tact plus fin vous fera
» un jour fubftituer tels & tels faits qui,
» par leur nature, font plus intéreffans. Il
» y aura plus d'ordre, plus de précifion ;
» mais ce ne peut être que l'ouvrage du
» temps, parce que pour bien difcerner,
» il faut avoir beaucoup comparé. Pre-
» nons le livre & examinons enfemble ». Je
donnerois non-feulement de bons extraits
à lire, mais j'en ferois moi-même pour en
mieux démontrer la facilité. Un Auteur
quelconque paroît fouvent un être d'une
efpece particuliere à une jeune perfonne
qui n'apperçoit encore ni la portée de
l'efprit, ni celle des connoiffances humaines. Tout ce qui fe rapproche d'elle,
excite plus fûrement fon émulation par
l'efpérance prochaine d'atteindre fon modele. Comme les définitions exactes fa-
vorifent les diftinctions délicates & menent
aux comparaifons juftes, je voudrois prendre les Synonymes de l'Abbé Girard pour
exemple, & faire contracter aux jeunes

personnes l'habitude de bien définir. On peut d'abord les aider dans les conversations raisonnées qui doivent suivre la lecture ; ensuite leur en rendre l'usage plus familier encore, en leur proposant par écrit des objets de définition. Plus ces objets seront relatifs aux opérations de l'esprit, aux facultés de l'ame, aux caracteres des vertus, & aux effets du sentiment ; plus le jugement acquerra de justesse & de solidité ; plus aussi la perception deviendra prompte & facile. « Le » jugement sert plus au bonheur de la vie, » dit notre Auteur dans son Essai de Lo- » gique ; l'esprit procure quelque agré- » ment ; la science quelque réputation ; » mais le jugement conduit au bonheur » par la route de la vertu. Il n'est point » nécessaire qu'un homme du monde soit » savant, il est agréable pour lui & pour » la société qu'il ait de l'esprit, mais il lui » importe d'avoir du jugement, parce » qu'il lui importe d'être heureux, estima- » ble & estimé ».

Si, comme l'a défini M. de Formey,

la vertu n'eſt que la juſteſſe d'eſprit appliquée aux mœurs, ou à la conduite de la vie ; aſſurer cette juſteſſe eſt le premier des ſoins qu'exige l'adoleſcence ; il doit devancer toute autre étude, & lui ſeul nous répond d'un progrès rapide. A cette époque une fille devient la compagne & l'amie de ſa mere. Ce n'eſt plus tant à deſcendre juſqu'à elle, qu'on doit s'appliquer, qu'à l'élever juſqu'à ſoi. Aux leçons ſtériles de l'enfance, il faut ſubſtituer des conſeils éclairés ; mais chaque caractere demande qu'on emploie des nuances différentes. Il eſt beaucoup d'enfans, avec leſquels il ne faut pas craindre de s'attendrir ſur leurs torts ou ſur leurs défauts ; ſenſibles eux-mêmes, rien ne les perſuade mieux que ce qui les touche. Avec d'autres plus forts que tendres, cette même méthode modifiée par le raiſonnement, réuſſit encore à adoucir l'humeur, à émouvoir l'ame : nourrir & exciter la ſenſibilité, voilà deux grandes fins ; la même voie peut y conduire.

Mais quelques caracteres mous & foibles, quelques têtes légeres & diffipées, exigent une fermeté qui jamais ne foit ébranlée par les larmes, ni démentie par les actions : les dangers les plus frappans doivent être mis en évidence. Le mépris qu'entraîne la foibleffe, le tourment des incertitudes auxquelles elle expofe, ne peut être peint fous des couleurs trop vives. C'eft en élevant ces ames, en les armant contre elles-mêmes, qu'on parvient à leur rendre un peu de vigueur & de folidité; mais encore long-temps l'art veut être caché. Ce n'eft point à faire des applications directes que j'invite, c'eft à mettre les jeunes perfonnes dans le cas de fe les faire tacitement. Humiliez le foible, vous ne le rendez que plus foible encore ; il attend de vous une main fecourable qui le releve, & non le poids d'une main qui ufe de fa fupériorité pour l'accabler.

Il nous refte ces caracteres vains & durs, vis-à-vis defquels il faut bien fe garder de plier; s'ils s'obftinent, fatiguez-les par la réfiftance ; s'ils fléchiffent, flattezles par la douceur ; fur-tout que votre exemple les force à fentir le mérite d'une égalité foutenue : peut-être ne les refondrez-vous pas, mais du moins ils apprendront à fe réprimer.

Nous ne parlerons pas de ces caracteres pervers, le rebut de la nature, l'opprobre de l'efpece humaine ; nous ignorerions peut-être qu'il en peut exifter, fi le genre d'Education qu'on propofe, fe fût oppofé à la naiffance de leurs vices.

C'eft après avoir difpofé ainfi de nouveau l'efprit à bien voir ; le cœur & l'ame à recevoir des impreffions heureufes, qu'il faut exercer toutes les facultés, par la culture de l'un & de l'autre, & perfectionner des études qui ne font encore qu'ébauchées. Tout prend alors un tour philofophique aux yeux de la raifon dont l'entier développement fe prépare. La Géographie n'eft plus un fimple calcul des diftances, une énumération de noms donnés aux parties divifées de la terre. C'eft l'ordre & l'harmonie de l'univers qui vient frapper d'admiration ; c'eft le fein de la terre

terre qui s'ouvre pour nous découvrir les trésors qu'elles renferme, les ressources qu'elles nous offre. C'est l'histoire de la sphère dont l'esprit étonné ose considérer l'ensemble; c'est enfin l'histoire de l'univers entier, celle des révolutions de la nature depuis la création du monde; spectacle le plus attrayant pour l'homme qui, sujet à tant de vicissitudes, a changé si souvent lui-même de mœurs & de loix, selon la température des climats, ou le bouleversement général des passions désordonnées qui n'ont plus trouvé de frein.

On veut voir non-seulement comment & par qui chaque lieux sont habités, mais comment ils l'ont été successivement; quelles loix les ont régi, quelles mœurs y regnent; quelles en sont les productions; quels animaux les couvrent; quels maux y affligent, quels biens y consolent l'espece humaine: un intérêt particulier porte à la considérer sous tous les points de vue divers. Bientôt un retour sur soi-même amene les réflexions; l'esprit étonné se replie sur les objets qui l'environnent : on rapproche les lieux & les temps, on les compare & l'on est forcé de se trouver heureux. C'est ainsi du moins qu'une main habile conduit par gradation à bien sentir tout ce qu'elle apprend à voir & à juger.

On ouvre l'Histoire qui n'avoit paru jusques-là qu'un amas de faits entassés les uns sur les autres, que la chronologie seule aidoit à retenir, & dont rien ne faisoit disparoître l'aridité : tout-à-coup elle devient un tableau vivant; l'imagination lui crée des ressorts; l'esprit attentif aux événemens, en recherche les causes, il les découvre dans l'enchaînement des passions ; par-tout il apperçoit ces haines cachées, ces intérêts secrets, ces trames sourdes qui tant de fois ont troublé l'ordre général, souvent même renversé les empires ; & dans l'insatiabilité des richesses, dans la soif du pouvoir absolu, il voit encore la source des plus grands crimes.

De la barbarie des premiers siecles, il passe à des temps moins orageux. Les loix commencent à se former; elles se ressentent de la rusticité des mœurs qu'elles ont pour objet de corriger : la marche est lente, mais déja on remarque quelques nuances. Le vice sent la nécessité de se cacher; la honte qu'il inspire est le premier hommage du cœur à la vertu, il semble en préparer l'amour.

Quelques grands hommes s'élevent, un caractere de bonté les distingue autant que la supériorité du génie & la force du courage; ce que la cruauté avoit fait perdre aux uns, la noble fermeté le regagne aux autres : grands dans tout ce qu'ils font, ils réussissent dans ce qu'ils entreprennent : sachant & punir & pardonner, accorder & jamais céder; tel fut ce grand Roi du huitieme siecle, ce premier Restaurateur des Lettres, celui qui par son goût pour les sciences, tira la Nation du cahos de l'ignorance, amena cette urbanité de mœurs qu'il soutint pendant son regne par des loix plus douces & plus sages.

A travers les dissentions & les horreurs

I ij

dans lesquelles nous replongent les siecles suivans, on apperçoit encore quelques progrès ; la politique s'étend & se perfectionne ; le gouvernement acquiert de la force & du pouvoir, il s'affoiblit & se releve tour à tour. La subordination amene l'ordre ; si elle ne rend pas les hommes meilleurs, elles les contient dans les bornes du devoir ; leurs desirs sont les mêmes, mais leur conduite est plus modérée. La sûreté publique gagne, les mœurs s'adoucissent, les loix prennent de la vigueur ; on voit par leur utilité combien elles sont nécessaires. Enfin on apprend à connoître les hommes réunis en société, & à établir des différences entre le caractere national & le caractere particulier.

C'est ainsi qu'on arrive à ce seizieme siecle, époque de la révolution célebre de l'empire des Grecs, qui, comme l'observe M. le Président Hénault, fit refluer deux fois dans l'Occident les Arts & les Sciences de la Grece. Léon X à Rome, les Médicis à Florence, François I en France, redonnerent, dit-il, la vie aux beaux Arts.

Un nouveau jour alors semble luire. Ce ne sont plus des vertus sauvages, des actions barbares qui fatiguent notre attention ; c'est la renaissance des lettres qui la fixe : un peuple policé paroît une espece d'hommes toute nouvelle. Plus nous nous rapprochons de notre siecle, plus l'intérêt augmente. Les traits de magnanimité, de grandeur d'ame, ceux de vertu mâle & élevée deviennent plus communs; ils réconcilient avec l'humanité, ils échauffent le cœur, ils parlent à l'esprit. De ces grands exemples on tire des instructions applicables aux diverses circonstances de la vie. En jugeant les morts, on apprend à sonder les replis cachés du cœur de ses contemporains, à ne pas être dupe des vertus apparentes, à priser les vertus réelles. La différence des mœurs & des usages, toujours graduée par les progrès de l'esprit humain, est la seule différence qui frappe nos regards. En séparant l'homme de ce torrent qui l'entraîne & le force à paroître ce que les tems exigent qu'il soit, on le retrouve par-tout le même, sujet aux mêmes passions, susceptibles des mêmes vertus ; heureux par les unes, malheureux par les autres, jouet perpétuel des événemens, selon lesquels il modifie ses goûts & ses penchans : mais on ne voit de vraiment grands que ceux qui savent leur commander.

Notre histoire ne nous présente qu'un très-petit nombre de ces modeles, en comparaison des histoires Grecques & Romaines : c'est-là que l'on trouve de grands hommes dans tous les genres ; que les grandes vertus semblent avoir fixé leur théatre ; que les femmes même jouent un rôle si digne de la noblesse de leur ame, si conforme à la délicatesse de leurs sentimens, mais si supérieur en apparence à la foiblesse de leur sexe ; & c'est en se transportant dans ces temps reculés qu'on parvient le mieux à se convaincre de tous les efforts dont l'amour du bien rend capable.

Quelle est la jeune personne qui lira

froidement les détails de ces actions héroïques de désintéressement, de valeur, de générosité & de courage ? Quelle est celle qui animée par quelques légeres réflexions, ne viendra pas d'elle-même à desirer l'occasion d'imiter ce qui lui inspire une vénération si profonde ? Quand l'imagination voit tout en grand, l'instant est favorable pour toucher le cœur, l'ame est plus susceptible de recevoir des impressions fortes, & il devient facile alors de convertir les idées en sentiment.

Le temps des exemples ne passe jamais, mais celui des épreuves arrive : rien n'est si aisé que de bien dire, rien n'est peut-si rare que de bien faire. Sachons garantir nos Eleves de ces vertus apparentes que l'occasion trouve toujours en défaut : supposons des événemens imprévus, rendons-les témoins imaginaires des malheurs qu'elles peuvent rencontrer ; prêtons-leur un pouvoir limité à leur état, à leur position, à leur fortune, & questionnons autant leur raison chancelante, que leurs sentimens naissans : *créons même quelquefois des maux pour leur apprendre à trouver des reſſources*, &, par gradation, paſſons des ſuppoſitions aux effets.

C'eſt un malheureux qui a beſoin de ſecours; c'eſt un domeſtique qui demande quelques graces; c'eſt un infortuné qui réclame quelques ſervices. On leur fait ſuggérer de s'adreſſer à une jeune perſonne; une fille honnête qui l'approche de plus près, les lui préſente ſans paroître chercher à l'intéreſſer ni à l'émouvoir. Ce ſont les objets qui doivent parler, & c'eſt le cœur que nous voulons juger, ainſi point de diſcours. J'admets contre toute vraiſemblance, que l'impreſſion ſoit foible, que le ſoulagement ſoit médiocre, & que l'empreſſement de ſervir tienne de la négligence. Si je ſuis bonne mere, j'ai la confiance de ma fille; en me parlant, elle m'a dévoilé ſon ame; je parois alors m'arrêter moins à ce qu'elle a fait, qu'à ce que l'on peut faire, & ſans autre leçon, je l'exécute ſous ſes yeux avec activité, avec chaleur. Je n'exalte nullement dans cette circonſtance le plaiſir qu'on

goûte à faire des heureux ; je le sens
assez pour qu'elle doive l'appercevoir ;
mais dans d'autres occasions qui ne me sont
pas personnelles, j'admire, je loue l'action, & je fais sur-tout valoir les sentimens d'humanité qui l'ont produit ; le zele
qui l'a exécuté, & les moyens qu'un desir
sincere fait toujours découvrir.

Quelques Femmes enthousiastes auroient
cru parler plus sûrement au cœur, en faisant de belles phrases, en dictant à la
jeune personne tout ce qu'elle auroit dû
faire, en lui disant : donnez, ma fille,
il n'est rien de si doux ; priez pour les
autres, il n'est rien de si satisfaisant que
d'obtenir : elles auroient été obéies sur
l'heure & avec grace ; mais cela auroit-il
été aussi bien senti ? Auroient-elles jamais
été sûres à l'avenir que le respect humain
que le desir d'être loué n'étoient pas les
premiers motifs, & peut-être les seuls ?
Alors, loin d'avoir rien gagné, on a tout
perdu ; car si une fois la vaine gloire
sert de base à la vertu, les meilleures
actions cessent d'être vertueuses ; les effets

peuvent en être auſſi profitables aux autres ; mais on ne fait plus cas que de la conſidération qui en réſulte, ſi l'on devient ſourd aux cris que la conſcience éleve ſur le motif. Ce plaiſir pur qu'on goûte à faire de petits biens ignorés ; celui de ſervir ſecrettement un ami, une connoiſſance, un inconnu, n'offre plus d'attraits ; il eſt ou dédaigné ou négligé ; on vit pour ſoi, on s'amuſe de tout, ſouvent on ne jouit de rien, parce qu'on a le malheur de ne ſavoir rien aimer, & qu'on eſt peu digne de l'être. Voilà comme les objets les plus indirects peuvent non-ſeulement intéreſſer le bonheur, mais contribuer aux agréments & aux charmes de la vie.

Ce n'eſt jamais lorſqu'il eſt queſtion d'agir, qu'il faut s'arrêter à peindre. La félicité de faire des heureux eſt d'ailleurs ſi ſupérieure à ce que l'on en peut dire, que rien ne la peut auſſi bien exprimer que l'exemple. Je reviens à celui que j'ai tracé, & je ſuis trompée, s'il n'aura pas inſpiré le véritable amour de la vertu.

Soit honte d'avoir échappé la premiere occasion, soit enthousiasme, peut-être ira-t-on jusqu'à vouloir cacher le premier bien que l'on fera, car la jeunesse est sujette à tout outrer ; & on doit le pardonner à l'effervescence de l'âge.

Une mere surveillante n'ignore rien de ce qui se passe ; mais quel plaisir n'a-t-elle pas à en faire un doux reproche ! quelle circonstance heureuse pour achever ce qu'elle a si ingénieusement commencé ! Ma fille, dit-elle, vous vous êtes bien conduite, parce que vous avez bien senti. Je ne suis plus inquiette de votre empressement à faire le bien ; qui l'a pratiqué une fois avec amour, l'exerce toujours avec zele. Les plaisirs purs ont cela de particulier, qu'ils rappellent sans cesse l'ame vers eux, en lui procurant un bonheur sans mêlange. Vous avez bien vu, une bonne action augmente de prix quand elle est ignorée ; il est doux de ne la devoir qu'à soi, au mépris des éloges qu'elle auroit pu nous attirer. Une foiblesse inséparable de l'humanité, nous rend sensibles à ces éloges ; ils ne détruisent pas l'intention première qui en étoit dégagée ; mais un plaisir secret vient altérer celui que nous ne devions attendre que du seul témoignage intérieur. Il faut alors se recueillir pour découvrir lequel nous flatte le plus d'avoir fait le bien, ou d'avoir obtenu quelques suffrages, & l'examen finit toujours par nous humilier.

Rendons donc nos vertus indépendantes de l'opinion des autres ; ne leur soumettons qu'indirectement le jugement de notre conduite ; méritons qu'ils l'approuvent : mais avant tout, sachons être contentes de nous, & que pour tout ce qui est bien, toujours ce contentement nous suffise. Quant à moi, ma chere enfant, vous devez me regarder comme une autre vous-même, ne craindre ni ma critique qui tend à vous instruire, ni mes éloges qui n'ont pour objet que de vous encourager. Je suis votre guide, ainsi je dois vous juger ; plus que votre guide encore, je suis votre amie, & il faut savoir se permettre de jouir avec son amie de ce bonheur qu'on éprouve par celui qu'on procure. Ici ce n'eſt point vanité, c'eſt épanchement de l'ame ; elle ſe dilate, elle s'éleve, elle ſemble s'étendre. On ne prétend point ſurprendre un ami vertueux, ni exciter ſon adminiſtration dont les témoignages outrés peut-être nous bleſſeroient. S'il nous aime, il nous connoît ; il a dû d'avance priſer les qualités de notre cœur ; ainſi la louange eſt au-deſſous d'un ami. On l'embraſſe, on le ſerre dans ſes bras ; les yeux ſe mouillent, & le ſilence eſt l'expreſſion du ſentiment qui s'accroît par un nouveau ſujet d'eſtime : extaſe délicieuſe, de deux cœurs dignes l'un de l'autre, & que vous me faites bien goûter, ma chere enfant !

On voit que de choſes renferme cette ſeule converſation, & comme les objets ſe rapprochent & ſe lient inſenſiblement.

L'humanité, la compaſſion produiſent la générosité, éloignent de l'avarice, de l'inſenſibilité ou de la tiédeur qui en eſt ſi voiſine. La maniere d'exercer ces vertus fait craindre d'en perdre le fruit ou d'en affoiblir le principe. On découvre le danger des applaudiffemens, & combien il eft difficile d'exprimer leur impreffion : loin de nier leur attrait, on dévoile une de ces contradictions fi ordinaires, entre les befoins de l'amour propre & la rigidité de la raifon ; mais le fublime fentiment de l'amitié eft un doux préfervatif contre les foibleffes de la vanité. Après avoir joui de l'attendriffement de fon ami comme d'un éloge tacite, quel autre éloge pourroit-on rechercher, ou plutôt quel éloge ne paroîtroit pas froid!

Cette heureufe découverte doit néceffairement éveiller un jeune cœur, & l'éclairer fur les mouvemens fecrets qu'il étoit fi embarraffé d'expliquer. C'eft une amie qu'il lui faut ; il va la chercher entre toutes les jeunes perfonnes de fon âge, & sûrement il choifira non la plus aimable, mais la plus vertueufe. Encore timide dans fes jugemens, les préférences, les diftinctions d'une mere fage le détermineront. Il eft plus aifé qu'on ne penfe, de diriger les affections d'un cœur encore neuf ;

il est aussi plus utile qu'on ne croit, de l'occuper & de le remplir. Ici l'objet n'est encore que d'en faire naître le besoin : chaque chose a son temps. Avant d'apprendre à vivre avec ses amis, il faut savoir vivre avec soi, moyen sûr de se former & de se rendre digne d'être aimé. Mais laissons encore un moment le cœur, pour revenir à la culture de l'esprit.

Nous avons étudié, je suppose, avec quelques fruits, les principales Histoires ; mais nous n'avons encore aucune idée des relations qu'elles peuvent avoir entre elles (*). C'est à l'Histoire universelle à nous faire connoître ce que c'est que l'ensemble de l'Histoire par tous les faits *contemporains*, les divers intérêts des Peuples, des Nations & des Cours ; & à nous montrer sous un même point de vue, les hommes de chaque siecle, les mœurs, les usages rapprochés & l'origine des nôtres.

(*) Ceci a été écrit d'après la méthode commune pour apprendre l'Histoire. Mais depuis on espere avoir entrepris avec succès de raccourcir cette étude, & d'en écarter la sécheresse.

Le gouvernement Eccléfiastique, Civil & Militaire de tous les temps, fur lequel nous avons paffé légerement, va fixer plus particulierement notre attention. Nous examinerons l'influence que les paffions humaines ont eu fur les événemens. Nous avons vu l'homme dans fa patrie; nous allons confidérer de plus près encore l'homme de tous les pays; fes vues, fes motifs, fes fins, les moyens & les refforts politiques qu'il a fu employer pour y arriver. Preffé d'abord d'admirer les grandes vertus, & de nous pénétrer de l'amour qu'elles infpirent, ici nous allons nous convaincre du danger des paffions, approfondir les maux qu'elles caufent, apprendre à les combattre & à les éviter. C'eft la meilleure leçon qu'on puiffe tirer de l'étude de l'Hiftoire. Mais il ne faut pas négliger de s'inftruire des faits qui intéreffent nos jours, comme la politique des Cours régnantes, les divers intérêts qui les lient les unes avec les autres, les principes de rivalité qu'elles peuvent avoir, les alliances qu'elles ont faites,

faites, & celles qu'elles doivent rechercher. Rien ne met plus au courant des événemens & des conversations journalieres.

Une femme ne doit paroître ni savante ni politique, ni bel esprit, ce seroit un ridicule : cependant elle doit en savoir assez pour tout entendre, n'être ennuyée de rien, placer une observation à propos, & s'amuser du savoir des autres, sans en être dupe admiratrice.

Les lectures morales viennent très-bien à l'appui du genre d'étude que nous avons fait de l'Histoire : elles fortifient nos réflexions, elle leur donnent même le poids de l'autorité. C'est par ces lectures qu'on peut se flatter d'affermir le cœur dans la pratique des vertus. Les anciens sur-tout nous ont laissé des ouvrages supérieurs ; quelques affoiblis qu'ils soient par les traductions, on y retrouve encore le caractere original qui a servi de regle aux modernes. Il est essentiel d'instruire la jeunesse à les goûter, & à les distinguer entre tous ces autres ouvrages, plus brillans que solides.

Mais craignons de fatiguer la raison en lui parlant sans cesse. Sachons diversifier les occupations ; sachons sur-tout les quitter à propos, & formons un amusement de tout ce qui peut nous apprendre à connoître les mœurs de notre siecle, les ridicules pour les éviter, les préjugés pour nous y soumettre, & les usages pour nous y conformer.

Nous n'avons vu le monde jusqu'à présent qu'à travers une glace obscure, à peine laissoit-elle distinguer les objets. Tout étoit pour nous une affaire de hasard, une machine montée à laquelle nos yeux accoutumés ne cherchoient point de ressorts. Nous allons attacher le fil en entrant dans ce nouveau labyrinthe, car il est dangereux de s'y perdre.

D'abord notre candeur allarmée croira peut-être trouver des piéges à chaque pas ; cette extrême défiance est presque aussi dangereuse qu'une trop grande sécurité ; mais l'expérience rectifiera nos premieres impressions ; elle seule réduit les choses à leur juste valeur, & nous devons à nos Eleves tout le produit de la nôtre, si nous voulons leur en épargner de funestes.

On ne remédie à rien en multipliant les écueils aux yeux d'une jeune personne; il suffit de l'abandonner une seule fois à ses craintes sur des dangers imaginaires, pour qu'elle s'aveugle bientôt sur les dangers réels, & peut-être vaudroit-il mieux ne pas tout dire que de trop exagérer. Regardons l'homme vraiment vertueux au milieu du tourbillon : il a l'air calme & tranquille, il sourit à tout. Son maintien n'est point une censure ; à peine s'apperçoit-on que sa conduite est un exemple; rien ne l'effraie, rien ne le scandalise. Il connoît ses devoirs, il les aime, il les remplit lors même que personne ne s'en doute.

Voyez à côté de lui ces génies étroits qui craignent plus le mal qu'ils n'aiment le bien; ils ne savent ni éviter l'un, ni pratiquer l'autre. Leur ame, toujours en peine, n'est occupée qu'à juger, & jamais à sentir. L'extérieur des autres les abuse, le leur mécontente. Sont-ils vertueux ? Non : ils haïssent le vice, & croient chérir la vertu.

L'étude du monde est un vrai cours de philosophie, plus utile, plus nécessaire que tous les autres, pour les Femmes destinées à y être répandues : d'où viennent leurs plus grands écarts ? c'est d'y être entrées sans le connoître, & de n'avoir eu qu'un mauvais guide pour s'y conduire. N'espérons pas que la jeunesse méprise ses faux plaisirs ; ne cherchons pas même à lui en montrer le vuide, elle croiroit que nous la trompons. Pour cette fois encore, sachons redescendre à la raison de son âge, & nous nous souviendrons que les fêtes, les bals, les spectacles ; le monde enfin le plus brillant, le plus tumultueux a eu de l'attrait pour nous, qu'il nous plaisoit, & que sur-tout nous desirions de lui plaire.

Avec le temps le tourbillon fatigue ; les plaisirs doux d'une société agréable & solide présentent plus de charmes ; mais c'est le fruit de l'expérience, rarement celui d'un discernement prématuré. Eh ! combien de femmes attendent que le monde les quittent pour le quitter ! Nous avons lieu de présumer que nos Eleves échapperont à ce dernier ridicule ; le soin que nous prendrons de leur donner les choses , non pas précisément pour ce qu'elles font, mais pour ce qu'elles doivent paroître à tous les âges, ne sera pas le moindre préservatif. Les plaisirs sont relatifs au goût ; ils ne font pas le bonheur, mais ils l'embellissent, ils lui prêtent des charmes ; c'est le parfum d'une belle fleur, il invite à la cueillir. N'oublions pas que de jeunes organes doivent être plus sensibles que les nôtres, & que tout ce qui est senti, se combat foiblement par le discours : prévenons donc les sensations, on y trouve plus d'avantage qu'à les combattre ; & la dissipation de l'esprit est souvent encore le plus sûr gardien du cœur.

La jeunesse est faite pour les ris & les jeux; elle en a les graces, elle en éprouve le besoin ; cédons-y avec modération ;

que notre complaifance jamais n'emprunte le ton du reproche ; qu'elle foit feulement un nouveau motif de reconnoiffance, dont on puiffe tirer une leçon tacite, dans un âge plus mûr. La conduite fage d'une mere eft l'exemple de tous les temps ; on y revient, on s'y arrête ; on compare la fienne, & fouvent l'une eft retenue par l'autre. On devient mere à fon tour, alors le fouvenir de fon modele préfente l'image de tous fes devoirs ; on fe rappelle qu'on a vu trouver du plaifir à les remplir ; on ofe s'en promettre, on entreprend & l'on réuffit. Tel eft l'enchaînement des chofes humaines : le paffé qui ne femble plus rien, prête des forces à l'avenir. Le vice fe perpétue par l'exemple, & ce qui fe perpétue à la longue peut dégénérer ; mais les vertus s'infpirent, fe régénerent, fe renouvellent & paroiffent en acquérir plus de vigueur.

Nous en étions au monde, à ce tableau mouvant des paffions qu'on ne fauroit examiner d'affez près. Nés trop foibles peut-être pour refter attachés au bien par pur amour pour ce qui eſt bien, la crainte des malheurs inſéparables des grands écarts ſert à fortifier nos principes : c'eſt l'objet auquel il faut apporter toute notre attention. La vertu ſe fait aimer ſans doute, mais combien de choſes ſe montrent auſſi aimables qu'elle ! Ne craignons pas ici de déchirer le voile qu'on croit étendre ſur la nature ; il n'obſcurcit que les yeux, ſouvent il favoriſe les ſens ; c'eſt à l'aide de l'ignorance qu'ils uſurpent le plus d'empire. Le moyen de réprimer ce que l'on ne ſait ni démêler, ni définir !

Par les ſens, (qu'on ne s'y trompe pas) je n'entends que cette douce émotion du cœur qui cherche & qui attire ſon ſemblable ; cet empreſſement de plaire, ce deſir qu'on nous plaiſe ; ce tendre penchant enfin qui n'eſt pas inſurmontable; mais qu'il eſt quelquefois ſi pénible de ſurmonter : voilà quels ſont les ſens des femmes. Ce qu'on nous dit de plus, n'eſt qu'une eſpece de phénomene aſſez rare & preſque toujours le fruit du caprice ou du déréglement de l'imagination. Cependant dans la fuppofition que ce phénomene exifte, je voudrois pénétrer affez avant dans l'ame de ma fille, mériter affez fa confiance pour qu'elle n'eût pas honte de me laiffer deviner fes mouvemens les plus cachés : nier leur effet, ni leur exiftence, n'eft jamais le parti le plus fûr; mais démontrer le danger des conféquences ; peindre des couleurs les plus vives les maux qu'elles peuvent entraîner, les malheurs, la honte, les remords qui fuivent la foibleffe ; relever le prix de la gloire attachée à fe vaincre, à fe maîtrifer, à fe commander dans tous les momens ; tel eft ce que je croirois de plus falutaire, & toujours je finirois par le confeil le plus fage, qui eft la fuite de l'occafion.

Communément on fournit aux jeunes perfonnes tous les moyens de plaire, & chaque jour on y ajoute quelques leçons; ce font autant d'armes qu'on tourne & contre foi & contre elles : la nature leur en avoit donné d'affez puiffantes; l'art n'amene jamais que le dangereux poifon de la coquetterie. Notre fexe peut y avoir une pente naturelle ; mais remontons à la cause, nous la trouverons dans l'exemple des meres, & dans leur maniere d'élever leurs filles. Aujourd'hui on taxe indistinctement l'attention la plus honnête & la recherche la plus immodérée du nom de coquetterie ; les femmes, dit-on, l'apportent en naissant, elle croît avec elles. Mais quelle différence entre la coquetterie de la nature qui nous fait aimer, & celle de l'art qui nous perd ! l'une est simple, naïve, vraie & pure comme sa source ; elle n'a nulle vue, nul projet. C'est une douce habitude de rechercher la bienveillance, & de répandre la sienne. Les suffrages font plaisir, sans faire envie : les hommages ne plaisent qu'autant qu'ils portent le caractere de l'estime ; on sait les attendre, on sait même s'en passer. Si l'on se pare, c'est l'affaire du moment, bientôt on oublie qu'on est parée. L'intérêt qu'inspire la figure se rapporte aux qualités qu'elle invite à découvrir ; on espere valoir encore plus par le cœur, &

l'on est bien aise que les autres cherchent à s'en assurer.

Si c'est-là de la coquetterie, elle enrichit la société ; loin de lui nuire, elle y répand de la douceur, de l'aménité, de l'esprit, de l'agrément, & sur-tout de la candeur & de l'honnêteté ; mais l'autre l'en bannit. Rien n'est innocent en elle, parce que tout est prévu, médité & réfléchi. Plaire ne suffit pas, on veut captiver : autant d'objets nouveaux, autant d'esclaves. On a des agaceries pour les attirer, des faveurs légeres pour les retenir : on séduit les uns, tandis qu'on amuse les autres. Chacun croit régner, & tous se trompent. La coquette seule s'amuse, regne & rit aux dépens des hommes, en attendant que le mépris les venge : voyez-là au milieu des femmes, c'est un être isolé. Paroît-il des adorateurs ? tout lui fait ombrage. Oubliez-là un instant, le dépit s'en empare, le manége la soutient ; puis l'accablement la gagne, & de tous ses agrémens, il ne lui reste que de la confusion, portrait anticipé de la vieillesse qu'elle se prépare.

Ce sont ces différentes nuances qu'il importe de faire remarquer aux jeunes personnes. Les instruire à plaire, & leur défendre d'en user, c'est une contradiction insupportable. Puisque la nature le veut ainsi, laissons-leur le genre de coquetterie qui lui appartient : vouloir le leur interdire, c'est attenter à leurs droits, & se retrancher celui de leur donner des principes solides sur l'article le plus frivole en apparence, mais l'un des plus importans en effet.

Les moyens sont plus simples qu'on ne pense. Votre fille vous suit, vous ne cessez pas de l'observer, vous la devinez ; aidez-la à se rendre compte de ses moindres intentions. Ne craignez point les petits détails, ils accoutument à la confiance, & ils sont toujours la preuve d'un tendre intérêt. Faites que votre fille apprenne à rougir avec vous, avec elle-même. Banissez la fausse timidité ; rendez-lui ces aveux estimables ; qu'après les avoir faits, elle forte d'auprès de vous plus grande à ses yeux, elle se sentira sûrement plus forte.

Dites-lui avec ce langage maternel, que la raison puise si bien dans le cœur : mon enfant, nous sommes actuellement deux amies ; le temps ne coule plus que pour nous rapprocher. En m'appliquant à vous former, je sens que je me perfectionne. Redoublons l'une & l'autre nos efforts, vous pour devenir plus digne, moi pour pour devenir plus capable. Voici l'âge où vous avez le plus besoin de conseil : livrons-nous à ces ouvertures de cœur qui peuvent seules nous éclairer sur nos défauts & sur nos vertus. N'appréhendez pas ma sévérité ; je connois le cœur humain ; nous naissons tous avec des foiblesses. Ce desir immodéré de plaire est le premier penchant que nous éprouvons ; celui qui nous conduit si loin quelquefois qu'il nous égare ; je ne veux pas vous l'ôter, je ne veux que le régler.

Plaisez par un maintien réservé, par votre raison, par les qualités solides du cœur & de l'esprit ; rien de plus flatteur, ni de plus encourageant qu'un succès qui nous porte à mériter tous les jours davantage. Mais défendez-vous des louanges qui n'ont pour objet que vos talens, votre figure & vos graces ; les uns font dûs à votre éducation, vous tenez les autres de la nature, elle ne vous les a donnés que pour un moment ; soyez au-dessus de ces avantages, afin que leur perte vous laisse moins de regrets. Je ne prétends point vous en imposer ; ils font comptés pour quelque chose dans le monde ; ils vous attirent des regards, ils vous rameneront les hommages : c'est donc un danger de plus contre lequel il faut s'armer. Commencez à étudier l'impression que ces succès font sur vous. Examinez quels font les gens qui vous plaisent le plus, quel motif vous entraîne vers eux & vous excite à les attirer vers vous. Sachez quelquefois vous abandonner à votre naturel, & le surprendre en faute par la réflexion. Vos foiblesses feront des foiblesses communes à tous, mais la maniere de les rectifier vous deviendra particuliere.

Il n'appartient pas à tout le monde d'oser fonder les replis de son ame; voilà pourquoi vous voyez tant de défauts essentiels dans la société, sur-tout parmi les femmes. Combien de petites tracasseries qui naissent de l'envie, de la jalousie qu'excitent les préférences! & d'où naissent celles-ci? du desir mal-ordonné de plaire exclusivement. Le mérite des autres, semble être un reproche ou un tort. On se croit humilié si l'on n'est occupé de nous, & l'on ne sait s'occuper que de soi. Ce sont de petits maux journaliers qui nous tyrannisent, je ne vous dirai pas pourquoi; mais nous sommes toutes susceptibles de ces miseres; il faut se l'avouer, c'est le moyen de s'en garantir: on n'en a pas rougi deux fois qu'on les méprise, & toujours l'on finit par leur être supérieure. Vivre de bonne heure avec soi, c'est se préparer un avenir heureux, se frayer le chemin le plus facile à la vertu, & se rendre sa propre estime

DES FEMMES. 159

fi néceffaire qu'il n'eft plus d'indemnité pour une telle perte.

Je doute qu'il y ait des caracteres avec lefquels cette méthode ne réuffiffe point : on peut y mettre des nuances tantôt plus fortes, tantôt plus tendres ; mais c'eft à une mere fage à en juger. Cette étude de foi-même s'allie très-bien avec l'étude des autres ; on peut les faire marcher d'un pas égal. Il ne s'agit pas de rendre une jeune perfonne l'Argus de toutes les fociétés, ce feroit le défaut le plus haïffable ; cependant il faut lui faire remarquer tout ce qui fe paffe. Nul autre moyen de lui faire connoître le monde pour s'y conduire, fon fexe pour l'apprécier, & les hommes pour être en garde contre leur féduction.

Tout change de nom par la forme & la maniere : c'eft l'intention qui qualifie les chofes, & l'ufage qu'on en fait qu'y y met le fceau de l'eftime. Epier pour voir, examiner pour critiquer, entendre pour le plaifir de redire ; voilà ce qui eft méprifable. Mais porter au milieu du monde un œil *philosophiquement* observateur, qui juge de tout & ne censure rien; qui met à profit les vertus & les foiblesses de ses semblables, sans s'en orgueillir, c'est le portrait du sage; homme de bien, il en devient plus aimable, meilleur & plus aimé.

L'espece de politique que produit le grand usage, conduit vers l'indulgence. Plus on vit avec les hommes, plus on sent la nécessité de leur pardonner leurs défauts. Le seul moyen d'en être content est d'en attendre peu; celui d'en tirer parti est le plus souvent de flatter leurs foiblesses; c'est généralement le plus grand art de l'esprit de société: art toujours utile, soit pour plaire, soit pour obtenir. Heureux ceux qui ont le courage de s'en former une habitude; mais la franchise s'y asservit difficilement. Si les mœurs pouvoient changer, j'engagerois à négliger ce talent, mais il faut parler le langage universel. Forcé d'en user quelquefois, le pouvoir qu'il a sur les autres, nous avertit au moins du danger dont il peut être pour nous. Soyons

Soyons d'abord bien convaincus que tout est *simulé* dans le monde, & que très-peu d'expressions partent du cœur. Depuis qu'on est convenu de s'en imposer réciproquement par l'extension des mots, on a perdu jusqu'au plaisir de se tromper ; c'est une fausse monnoie qui a son cours sans autre valeur numéraire que l'échange. Servons nous-en dans le monde où elle plaît, rarement dans la société particuliere dont le mérite reconnu doit l'exclure, & jamais avec nos amis qu'elle pourroit seuls abuser. « Il n'y a rien de si pernicieux dans » l'amitié, dit Cicéron, que la flatterie, » les manieres doucereuses, la complai- » sance outrée. Tout déguisement est un » mal puisqu'il altere le vrai, & qu'il » nous empêche de le discerner, mais sur- » tout il ne s'allie point avec l'amitié, » car il exclut la vérité, sans laquelle » l'amitié n'est rien ».

On rencontre beaucoup de liaisons d'intérêt ou de plaisir; on en voit peu d'estime. Accoutumé à confondre ses amis avec ses connoissances, on n'a seulement pas confervé la diftinction du mot qui exprime bien moins un nom qu'un titre; peu de gens favent à quoi il engage, mais on doit former la jeuneffe à en remplir les devoirs.

L'amitié eft le plus beau préfent que la Providence nous ait fait. On fent que ce n'eft pas un de ces biens paffagers, que l'homme a fu fe créer comme une reffource dans fes malheurs; il eft trop au-deffus du befoin imaginaire, & trop renfermé dans le befoin fenti. Nous tenons ce précieux don de la nature. Elle a placé ce fentiment dans notre cœur, pour que l'homme eût en lui-même une jouiffance indépendante des événemens, & que tout événement augmentât cette jouiffance. Sentiment fublime qui éleve l'ame, la foutient dans les revers, la confole dans les peines, l'aide à fupporter les maux, & lui rend le bonheur mille fois plus cher !

Parler de deux amis, c'eft fous-entendre deux êtres vertueux pour qui tout eft commun; deux cœurs tellement confondus, que le sort n'a plus de trait qui ne les frappe du même coup ; deux ames si étroitement unies, qu'elles se servent incessamment de juge & de témoin. On loue peu son ami, on triomphe avec lui ; c'est le plus bel éloge. Plus sensible à ses fautes qu'humilié par elles, on le releve, on le condamne ; c'est le droit qu'il est grand d'avoir donné, qu'il est beau d'avoir reçu. Combien alors la sévérité d'un ami a de douceur ! comme elle nous ramene au bien, comme elle nous enflamme de reconnoissance, & nous pénetre par l'attendrissement qui y succede ! la honte même emprunte des charmes de l'amitié ; elle embellit celui qu'elle couvre, elle touche celui qui la voit ; ce sont de nouveaux liens qui serrent les premiers. Quel plaisir délicieux que celui de deux cœurs qui vont sans cesse au-devant l'un de l'autre, qui n'ont plus de pensées différentes que pour se les communiquer & former un tout plus indivisible ! que de douces étreintes ! quel heureux enthousiasme ! En parlant de son ami, on s'honore de ses vertus, on jouit de foi. En le fervant, il semble qu'on double fon exiftence. En recevant de lui, on croit l'obliger à nous aimer davantage. C'eft un échange continuel de defir, d'activité & de zele. Malheur à qui n'a point éprouvé que ce fentiment eft fans bornes ! Des cœurs de glace ont prétendu en faire un fentiment froid ; vainement pour juftifier cette opinion, le comparent-ils au feu, à l'effervefcence de l'amour : l'un confume le cœur, l'autre fert d'aliment à l'ame : l'un s'affoiblit avec le tems, l'autre fe fortifie ; il n'a pas, il eft vrai, la fingularité de l'exclufion, mais il a l'attrait de la préférence. On a plufieurs amis pour lefquels la fenfibilité femble fe reproduire ; on n'en a qu'un feul pour qui la confiance foit entiere ; tous font flattés des marques qu'ils en reçoivent ; mais un fecret que n'auroit pas l'ami intime, feroit une offenfe pour lui, un reproche pour foi. L'amitié enfin eft un fentiment fi pur, qu'en peignant fes charmes, on peint fes devoirs ; & pour les bien remplir, il ne faut que le bien éprouver.

Mais pour se faire des amis, il faut connoître la loi des égards & des procédés soutenus, c'est le plus puissant *véhicule* du cœur. C'est par des soins tendres, des attentions délicates & ce zele actif que rien ne rebute, qu'on se montre digne d'être aimé. Des ames tiédes n'atteignent jamais le but; les autres quelquefois le surpassent. Sans le tact qui tient à la sensibilité & à la justesse d'esprit, on fait toujours trop ou trop peu : le grand point est de servir ses amis comme ils veulent l'être. Rien de si à charge que de certains empressemens, que des conseils qu'on ne demande point, que des démarches ou précipitées ou faites au hasard. Entre trouver du plaisir à être utile, ou vouloir se rendre nécessaire, la différence est grande, beaucoup de gens s'y méprennent.

Quoique les amis se *particularisent*, on ne se conduit pas généralement avec eux comme avec son ami intime; c'est encore une distinction qui échappe. Il faut user du même zele, mais non pas des mêmes droits. Ceux-ci attendent de notre affection des ménagemens pour leurs foiblesses, du secours dans le besoin, de la vérité dans l'occasion, & des avis seulement lorsqu'ils nous en demandent. C'est cette amitié qu'un de nos Orateurs comparoit si élégamment à une glace qu'un souffle ternit, & que la moindre chûte peut briser : les Femmes semblent plus faites pour celle-ci, & les hommes pour l'autre : elles sont amies pour se servir, mais rarement pour se former. On ne les a pas encore assez élevées au-dessus des préjugés de leur sexe, pour bannir entre elles la sorte de rivalité qui rend les conseils ou suspects, ou infructueux; presque toujours l'une est trop sensible pour en recevoir, l'autre trop délicate pour les hasarder. Leur confiance n'a jamais par cette raison la même étendue ; elles se bornent aux confidences qui soulagent leur cœur; elles conservent de petites restrictions, auxquelles elles attachent une idée d'indépendance. Ce fut à elles sans doute qu'on inspira ce funeste principe contre lequel se récrie Cicéron : « Qu'il faut aimer,

» comme devant haïr un jour : » une meilleure éducation l'aboliroit.

En donnant aux Femmes plus de solidité d'esprit, plus de franchise de cœur, plus de sûreté dans le commerce ; toutes ces qualités de l'ame qui assurent l'estime, & qui font la base de l'amitié, on les rendroit à toute la vérité de ce sentiment, & la chaleur qu'elles sont capables d'y mettre, feroit peut-être diversion aux écueils de l'amour. Leur cœur plein d'affections tendres est toujours pressé, de les exercer : c'est un besoin instant qui l'agite, l'inquiete, & quelquefois l'égare : même en amitié, elles ne se donnent pas le tems de choisir : entraînées par ce qui les flatte, les rapports qu'elles se supposent, ne sont que des liens de plaisir ; ils disparoissent avec leurs goûts.

Nous sommes si soigneux de pourvoir aux besoins du corps, pourquoi négliger ceux du cœur ? Une amie est peut-être nécessaire à beaucoup de jeunes personnes. Ce seroit à une mere prudente à prévoir le moment, à étudier les convenances, & à déterminer ces liaisons innocentes qui restent quelquefois éternelles. On ne dicte point la préférence : presque toujours le cœur se refuse aux loix qu'on semble vouloir leur imposer; mais on loue, on approuve adroitement une inclination qu'on veut faire naître, comme si elle existoit déja. A cet âge, la naïveté établit la confiance, & l'âge suivant ne sait plus se défendre d'une si douce habitude. On ne sent pas assez combien de jeunes êtres, remplis de candeur & d'honnêteté, peuvent se prêter des forces, & se soutenir mutuellement au milieu des dangers qui les environnent. On leur parle sans cesse de ces dangers en général, on ne leur en explique aucun : le moyen d'éviter le mal qu'on ne connoît pas? Qu'entend-on donc leur présenter par ce tableau confus sur lequel le rideau reste toujours tiré ?

Seroit-ce le goût des plaisirs dont nous avons parlé ? en eux-mêmes, ils sont innocens; la femme qui y porte une ame honnête, n'y appercevra jamais rien de pernicieux pour elle. Seroit-ce l'écueil des exemples ? une fille sensée se promet de ne les jamais suivre. Seroit-ce le jeu ? rarement offre-t-il un amusement bien vif aux jeunes personnes ; leur peu de goût à cet égard les rassure. Seroit-ce l'habitude de l'oisiveté, l'inaction des gens du monde ? Il est un âge où le desir *qu'on ignore*, tient toujours en activité. Seroit-ce enfin ces défauts de société si aisés à contracter sans qu'on s'en doute ? Non, on ne calcule pas encore assez philosophiquement pour se forger de pareilles craintes : c'est donc uniquement ce que l'on ne veut pas dire ; l'attrait d'un sexe pour l'autre : attrait que l'on porte, que l'on trouve par-tout, & qui pur dans son principe, mais altéré & dépravé par l'abus, répand ce poison caché sur-tout ce qui peut nous plaire.

Eclairons ce *mystere de la nature*, peut-être découvrirons-nous encore que les objets qu'il embellit, & qui semble emprunter de lui le langage des passions, n'ont qu'une action seconde sur le cœur. Le besoin d'aimer a parlé le premier ; déja quelques soins, quelques attentions l'ont développé assez pour qu'un objet occupe; & le véritable danger est dans le rapport que l'imagination trouve entre les sentimens dépeints & les effets sentis. Des circonstances journalieres ramenent aux comparaisons ; elles sont si agréables à faire, qu'aisément on en sépare les conséquences humiliantes. Plus on les écarte ces conséquences, moins elles se présentent, plus peut-être on s'en rapproche. Ce n'est point l'amour qu'on envisage, c'est l'amitié seule, & l'innocence de l'intention est un écueil de plus; néanmoins on croit franchir sans risque, la foule des préjugés.

Quelle raison pourroit empêcher une mere de prémunir sa fille contre cette confiance aveugle, par des connoissances acquises qui mûriroient son esprit, sans effleurer son cœur? Ma chere enfant, lui diroit-elle, vous touchez à cet âge où la raison plus éclairée, chaque jour, va élever de grandes contradictions entre l'esprit & le cœur ; laissez-vous guider par celui-ci pour les actions vertueuses, jamais il ne vous trompera ; prenez souvent conseil de l'autre pour opposer des barrieres à ces sentimens honnêtes qui peuvent dégénérer en passions ; les réflexions profondes sont leur frein.

Jusqu'ici les préjugés vous ont paru des loix ; nul intérêt pressant ne vous a conduit à examiner leur valeur. La plus légere affection va d'abord vous jetter dans le trouble ; bientôt incertaine, vous ne chancelleriez pas long-temps pour tout confondre : c'est ainsi qu'en pensant s'éclairer, on s'aveugle. Nous sommes presque toutes nées tendres. J'ai pris soin de vous former sensible ; mais si vous n'êtes en garde contre cette qualité précieuse, tous les objets vont l'exercer. On vous a peint l'amour comme un vice de mœurs & de conduite ; il l'est en effet : néanmoins il est temps de vous dévoiler le penchant naturel qui porte un sexe vers l'autre ; il pourra vous paroître en opposition avec vos principes, révolter même quelquefois votre raison ; mais que seroit la vertu sans ce combat? elle tire sa gloire du mérite attaché à se vaincre.

Ce n'est point par préjugé qu'en vous montrant l'amitié sous l'aspect le plus attrayant, j'ai dû vous prévenir qu'elle ne peut exister entre homme & femme avant un âge très-mûr. Vous entendrez vanter ces liaisons dans le monde, comme les plus solides ; elles ont effectivement un charme même au-dessus de l'expression : lorsqu'elles sont aussi pures que le devoir l'exige, on y trouve tous les vrais plaisirs réunis ; elles offrent mille ressources, elles mettent le comble au bonheur. C'est la félicité de l'ame, la jouissance du cœur & le repos de l'esprit : nulle inquiétude, nul soin n'agite que ces soins doux qui se transforment en occupations réelles, & les desirs sont aussi-tôt remplis que formés.

Cette douce volupté vous fait envie sans doute ; le temps pourra vous paroître long d'ici au moment où il vous sera permis d'en jouir ; mais gardez-vous de présumer pouvoir le devancer ; je ne vous révele fon attrait que pour vous expofer plus évidemment le danger dont il peut être. Les paffions ingénieufes empruntent juſqu'au maſque de la vertu ; elles fe parent de fon langage pour mener plus sûrement à l'erreur. La femme la plus sûre d'elle-même, doit éviter juſqu'aux moindres occaſions. L'homme qui effaye de lui perfuader qu'il n'en veut qu'à fon cœur, (fût-il de bonne foi) s'il l'obtient, acquiert trop de droits fur elle pour refter maître de lui : alors plus d'autre alternative, ou l'on fe fépare, ou l'on fe perd : l'un prépare des remords, l'autre n'eft jamais fans amertume.

Plus d'une fois peut-être croirez-vous vous fentir fort fupérieure à ces événemens, & rencontrer des hommes dignes de faire exception à cette loi générale ; c'eft le piége le plus fubtil que nous tende l'amour-propre. Jamais on n'eft plus près du danger que dans ces momens, où l'ame femble élever l'efprit au-deſſus des foibleffes qu'il ceffe d'appercevoir, & que bientôt il ceffe de craindre. C'eft dans ces occurrences où l'expérience des autres apprend à douter de foi. Il faut favoir facrifier l'illufion préfente au bonheur à venir; ce triomphe eft dur & pénible : ce n'eft pas tout, il veut être fecret. Céder au plaifir de vous en parer, pour vous montrer plus eftimable à celui que vous eftimez, n'eft encore qu'une amorce cachée qui allume le feu d'une part, & de l'autre provoque l'attendriffement. La plus légere émotion trahit le cœur; l'homme le plus honnête fe croiroit mal-adroit de n'en pas profiter, & il en eft peu qui n'en abufent.

C'eft ainfi que la fimplicité & la candeur ont leurs écueils : écueils d'autant plus dangereux qu'ils font pris dans la nature : ceux du monde qui montrent la féduction à découvert, ne trompent que celles qui veulent être trompées. L'amour tel qu'il fe traite & fe conduit dans ce fiecle, eft fait pour révolter toute femme bien née; il fronde trop ouvertement fes principes; elle doit rougir, fi elle ne s'en trouve pas offenfée, & la honte en pareil cas rappelle cette fierté de l'ame, qui soutient le cœur, & communique tant de force à l'esprit.

On peut appuyer ces avis par des remarques journalieres fondées fur les exemples. Plus ennemie que perfonne de la lecture des Romans, j'en confeillerois difficilement l'ufage. Cependant comme un Roman bien fait n'eft que l'hiftoire des mœurs, & l'application de la morale aux diverfes circonftances de la vie, il eft peut-être quelques-uns de ces ouvrages dont on pourroit tirer beaucoup de fruit ; il s'agiroit d'y joindre des réflexions qui rapprochaffent ces fictions, des tableaux de la fociété.

Une jeune perfonne verroit dans Clariffe, comment avec les principes les plus vertueux, un premier faux-pas égare fans retour, & conduit au comble du malheur. Lovelace lui apprendroit de quels fubterfuges les hommes font capables pour tromper l'honnêteté, en fe montrant plus honnêtes ; pour féduire l'innocence, en paroiffant la refpecter davantage ; pour triompher enfin de la vertu la plus affermie, elle comprendroit que rien ne les rebute, que rien ne leur coûte, qu'ils immolent tout à leur paffion, fouvent même au goût & à la fimple fantaifie. Les jeunes perfonnes appercevroient que moins les hommes ont de fentiment, plus ils font dangereux par les reffources & les combinaifons qu'ils épuifent. Que c'eft ainfi qu'ils parviennent à graduer leur conduite, à compofer leur maintien, à mefurer leurs difcours. Que tantôt tendres, vifs, empreffés, & froids tour à tour; toujours ils faififfent l'à-propos du moment; & qu'habitués à l'abandon de leur maniere d'être, l'art leur en procure chaque jour une nouvelle, même plufieurs au befoin; fubtilité d'efprit, dont les malheureufes dupes font honneur à leur cœur (*).

Si, comme il y a lieu de le préfumer;

___

(*) Deux Hommes de beaucoup d'efprit, & que j'aime infiniment, m'ont paru très-différemment affectés en lifant ce morceau. *L'un* que je confultois fur le danger que la moitié du genre humain ne m'accusât du projet formel de la dégrader, me répondit affez plaifamment: » Laiffez, laiffez ces vérités qui ne peuvent être trop

il

Il eſt peu d'hommes qui n'aient paſſé leur jeuneſſe à courir cette carriere ; ſi l'inexpérience des femmes a fait tous leurs ſuccès, on ne ſauroit trop éclairer les jeunes perſonnes, ſur les pieges qu'on ſe diſpoſe à leur tendre. Le but ne doit pas être de leur donner une opinion odieuſe de tous les hommes en général ; une ſeule exception ſuffiroit enſuite pour entraîner leur perte. Non, montrons-leur plutôt les êtres (comme les choſes) pour ce qu'ils ſont, ſelon les âges entre leſquels les paſſions établiſſent une très-grande différence. Après les avoir miſes en garde contre le manege, la fauſſeté & l'artifice,

« connues, & croyez que peu nous importe, quelques
» coups de pantouffles de plus ou de moins ». *L'autre*, dont j'attendois l'avis en ſilence, s'eſt élevé avec ſenſibilité contre ma maniere de juger ſes ſemblables. Il a reclamé au moins une note qui établit quelques exceptions. Il en eſt ſans doute des exceptions ; & je prie inſtamment les hommes aſſez intactes pour me jetter la premiere pierre (ſi je n'en faiſois pas) de rendre à mes intentions, toute la juſtice qu'ils peuvent rendre à leur cœur. J'honore plus que femme au monde, ceux qui ont toujours été vrais & délicats. Il faut bien même excuſer encore ceux qui n'ont fait que croire l'être. Mais quelle eſt la jeune perſonne, aſſez ſûre d'elle, pour faire ſans danger ces diſtinctions ?

Tome I. M

revenons encore à leur persuader de se défier d'elles-mêmes. Faisons-leur considérer d'aussi près, l'espece d'hommes la plus susceptible d'intéresser leur cœur. Grandisson leur en offriroit le plus beau modele. Là, tout est vertu & sentiment; le danger change d'aspect; les idées prennent une toute autre forme; elles pourroient s'affoiblir en lisant seule; la foiblesse est toujours si voisine de la sensibilité! Mais on ne reconnoît le pouvoir du cœur, que pour se convaincre de la nécessité de s'en défendre.

On observe que Grandisson est un portrait peut-être plus exagéré que celui de Lovelace : entre ces deux êtres imaginaires, se trouve l'intervalle immense que doivent remplir les hommes qui composent la société. On range les différens mérites à leur place, on s'affermit dans l'habitude de juger. On apprend à préférer les hommes estimables à tous les autres; on cherche à distinguer les plus aimables pour se garantir de la surprise de les rencontrer. Enfin on ne se forge point de chimere. On voit chaque objet sous le jour de la plus exacte vérité. Le premier homme qui se présente n'est point un Lovelace, le dernier qu'on attend ne doit pas être un Grandisson. Occupé des moyens de conserver son cœur libre, on parvient à les trouver, en se traçant le plan de conduite le plus conforme à la décence & au caractere.

Il est des caracteres doux & faciles qui se prêtent volontiers à la familiarité, & la plus honnête a ses conséquences. Il en est d'autres plus fermes, plus altiers qui en paroissent ennemis, mais pour qui les distinctions ne deviennent que plus dangereuses. Les unes se fient à la droiture de leur intention, les autres à leur fierté; toutes se reposent sur la *foi de l'indifférence*, & se conduisent en général trop également avec les hommes, presque tous vains & intéressés, soit par le désir, soit par la curiosité. Il n'est qu'une seule maniere d'être avec eux ; c'est une politesse froide & aisée, dans laquelle ils ne remarquent ni la défiance qui aiguillonne leur amour-propre, ni la confiance qui les attire. C'est en les tenant exactement à la place que le plus ou le moins de mérite leur assigne, qu'on s'assure de leur respect, & qu'on les force à l'estime. S'exposer à les réprimer, c'est déja avoir à réparer dans leur esprit. Le droit qu'ils usurpent, ils croient l'avoir acquis, ils osent le disputer, aisément ils se persuadent que ce seroit le céder à un autre. Orgueilleux même jusques dans le sentiment, l'aigreur la plus méprisante, est le prix de la vertu qui les blesse.

Il faut avoir entendu raisonner les hommes revenus de la fougue des passions, au sortir de cet âge où la volupté les tenoit dans l'yvresse, pour connoître à quel point le langage séduisant qu'ils ont employé avec les femmes, a toujours été *dégagé* de l'opinion qu'ils en avoient. Il faut en voir d'autres exagérer d'abord le sentiment qu'ils éprouvent ; conduire ensuite celui qu'ils parviennent à inspirer ; & rapprocher leurs maximes de la veille, des préceptes du lendemain, pour comprendre si même dans l'opinion du plus reconnoissant des hommes, rien doit équivaloir à nos yeux, le prix de la considération attachée à cette vertu qu'il releve dès qu'il l'a affoiblie. Combien alors ils sont tous prodigues de conseils! combien ils se montrent jaloux de la gloire d'une femme! combien ils multiplient les fausses craintes qu'ils y rapportent, & qui toutes n'ont d'autres motifs que l'intérêt de l'amour-propre! Comment se peut-il, devroit-on leur dire, que ce qui n'étoit rien que préjugé, ait changé si vîte de face? Pourquoi avoir combattu des principes qui m'étoient doux & chers, pour m'y ramener aussi-tôt avec amertume? Mais ce sont des secrets qu'on ne leur surprend qu'au moment où l'âge, ou les circonstances ne leur en font plus besoin.

C'est en donnant des idées justes sur tous les objets, en reconnoissant les droits de la nature, en établissant ceux de la vertu, qu'on assure la conduite par des principes, & qu'on fixe la valeur des préjugés. Dire vaguement aux jeunes personnes :

Soyez sages, la Religion vous l'ordonne ; fuyez les hommes, ils sont perfides & trompeurs ; ce n'est rien dire : elles ne vous croyent qu'autant que les circonstances ne viennent point développer le sentiment. En portant toute l'attention & la défiance sur les autres, il arrive que l'on s'oublie, que l'on s'ignore, & le cœur a ses subtilités. Qui n'a pas éprouvé combien il devient fécond en ressources, pour peu qu'il sente ; & quel nouvel aspect alors présentent les choses à l'imagination qu'elles échauffent ? Si pour combattre tant d'ennemis, vous comptez sur le fruit de ces préceptes stériles qui vont à peine à l'esprit, sans atteindre l'ame, ce sont de foibles armes ; leur premier ressort émoussé laisse sans défense. Mais découvrir les causes, c'est souvent prévenir les effets ; approfondir les conséquences, c'est donner de la force aux principes. Montrer par-tout le bonheur dépendant de l'estime, c'est en quelque sorte enchaîner les affections.

La malheureuse prévention qui fait

imaginer que les femmes ont aussi leur espece de danger pour les femmes, ajoute au besoin de les étudier, & à la nécessité de les connoître presque aussi bien que les hommes. On a peine sans doute à se persuader que le vice ait poussé la dépravation des mœurs à ce point. Cet excès, s'il existe, dépose peut-être en faveur de la vertu : on ne cherche à perdre l'innocence des autres, que parce qu'elle est un reproche humiliant pour soi. C'est donc moins le déréglement de l'imagination qui agit, que les remords mal sentis d'une ame perverse, trop dégradée pour se relever de l'opprobre ; mais encore ingénieuse à chercher un appui dans toutes celles, qu'elle peut induire à lui ressembler.

Une jeune personne est d'autant plus aisément dupe de ces femmes, que l'art est mieux masqué. Un homme peint la volupté par intérêt ; une femme semble ne la peindre que par excès de vérité. Les devoirs qu'elle a foulé aux pieds, étant les mêmes que ceux qu'elle excite à transgresser, ses perfides conseils en

M iv

affoibliffent bien plus sûrement l'amour.

J'aime cependant à rester perfuadée qu'il est très-peu de ces êtres jettés dans le monde pour y exercer le vile office de corruptrice : repouffée par l'image affreufe qu'ils nous préfentent , fuppofons-les réels puifqu'il le faut, mais refufons-nous à l'horreur de les croire communs; & gardons-nous de donner à la jeuneffe aucune fauffe impreffion fur fon fexe; il eft néceffaire qu'elle l'eftime , fi on veut qu'elle l'honore : l'orgueil d'en faire feule la gloire & l'ornement , eft une vanité révoltante ; elle n'en impofe point aux hommes qu'elle invite à rechercher ; elle fait autant d'ennemies qu'il y a de femmes qu'elle choque ; & elle prive d'une grande douceur, celle de bien penfer de fes femblables , & de s'en faire aimer.

Le plus grand des écueils qui concourent à perdre une jeune perfonne, c'eft le peu de diftinction qu'établit l'ufage du monde entre la femme de mérite & la femme reconnue galante. On blame bien généralement celle-ci : il arrive même que les femmes qui feroient le moins autorifées à la critique, font les premieres à l'envenimer. Mais fi cette femme paroît, fi elle joint à fon amabilité un nom, de l'opulence & du crédit; au même inftant tous les égards, toutes les attentions fe tournent de fon côté : fa préfence rappelle la confidération des femmes, & l'empreffement des hommes. C'eft aux yeux d'une jeune perfonne fans expérience, l'être le plus heureux, le plus triomphant. Le moyen qu'elle ne compare pas ce qui lui en coûte dans certaines occafions, le peu de compte qu'on femble lui en tenir, avec la vie aifée, facile, & en apparence fi pleine de charmes que mene cette autre, qui, en fe permettant tout, n'eft privée de rien. Les conféquences de ces calculs fi fouvent renouvellés, fe devinent; & je fuis convaincue qu'un très-grand nombre d'écarts, en ont été le réfultat.

Plus on examine l'enchaînement des circonftances & des événemens de la vie privée, plus on découvre d'utilité dans l'étude du monde. La connoiffance qu'on en acquiert *sauve* l'esprit des méprises, & le cœur des mécomptes. C'est ici où l'on retrouve ce prix du témoignage intérieur; cette habitude de s'estimer moins par l'opinion d'autrui, que par le sentiment de ses actions; & enfin cet amour du bien indépendant des maximes frivoles qui l'alterent: voilà ce qui éleve l'ame au-dessus de la contagion.

Une jeune personne (prévenue par ce qu'on lui a dit & fait observer) n'est plus étonnée des contradictions journalieres qui la frappent. Cette vertu qu'on préconise pour s'autoriser à médire; ce vice qu'on encense par l'adulation de la fausseté, ne lui présente que le tableau des foiblesses humaines, l'empire de l'usage & la force des préjugés.

Les hommes réunis forment un composé d'affections trop bisarres, d'intérêts trop divers, d'idées trop confuses, & de vues trop opposées, pour qu'un aussi grand ensemble puisse paroître estimable. Dans tous les temps, le monde entrevu philosophiquement, n'a pu offrir qu'un assemblage monstrueux. Mais séparez ces hommes, vous leur trouverez à chacun quelque mérite, & souvent de grandes vertus. Elles résident encore parmi nous ; malgré les clameurs, il faut s'en laisser convaincre, ou renoncer pour son propre compte au droit qu'on s'arroge d'y prétendre ; car ce droit ne peut être exclusif.

Il n'est peut-être pas de société qui ne soit asservie à respecter des miseres qu'on rougiroit de détailler. Ce sont des rivalités de mérite, des jalousies, des intérêts qui se divisent ou se rapprochent selon les occurrences. Tous ces riens dérivent des passions, & quand l'esprit se rétrécit assez pour s'appésantir sur ces objets, les tracasseries & les divisions ne tardent pas à naître. Il est d'usage reçu d'y opposer une politesse feinte & réciproque, faite pour voiler les pensées. Les femmes qui communément ont encore plus de sujets de s'envier & de se craindre, renchérissent sur ce talent ; & elles excellent dans l'art de se montrer aussi impénétrables qu'attrayantes par l'affabilité de leurs manieres,

On les taxe de se détester entre elles: Les hommes les accusent généralement de fausseté. Il est impossible d'être plus en but qu'elles ne le sont aux caprices, aux reproches & au dédain. On déprise leur cœur, on dégrade leur ame, on craint leur esprit, on les charge de tout le mal qui arrive aux mœurs; on semble n'en attendre aucun bien; à cela près, on les aime. Le décomposé paroît hideux, mais l'ensemble est charmant; & je soutiens que même la femme qui seroit condamnée à ne voir que des hommes, regretteroit les agrémens de la société de son sexe.

Quoique toutes ces déclamations soient fort exagérées, il seroit facile de justifier ces défauts qu'on ne nie point, par l'Éducation qui les rend inévitables : je ne m'y arrêterai pas ici. Il est aisé de voir qu'elles sont absolument au niveau des hommes qui, *pris* en général, n'offrent qu'un *emblême vicieux & affligeant*. Particularisons l'examen, & nous trouverons encore, malgré tout ce qui semble s'y opposer, autant de femmes honnêtes qu'il y a d'hommes véritablement eſtimables. C'eſt une vérité à laquelle on ne ſe refuſe que par préjugé.

Ma fille, devroit dire une mere ſage, pour être venue un peu plus tard, vous avez été un peu mieux élevée ; vous en devez être plus éclairée, mais n'en ſoyez que plus indulgente. L'on n'eſt goûtée des femmes qu'en leur pardonnant beaucoup, & elles ne continuent de nous plaire, qu'autant que nous en exigeons peu. Vous en trouverez de foibles ; celles-là font peu de dupes, parce qu'elles commencent par l'être ; ce ſont de ces caracteres mous qui n'ont point de conſiſtance : égarées, ramenées tour à tour, elles ne ſont fonciérement pas vicieuſes ; il faut les plaindre. Vous en verrez de légeres, d'inconſidérées, qui expoſent les autres à mal penſer de leur conduite, ſouvent même de leur cœur ; celles-là il eſt dangereux de les aimer ſans les connoître, & pourtant on les aime quelquefois parce qu'on les connoît. Il en eſt d'artificieuſes ; de celles-ci défiez-vous-en ; ſouples, adroites, insinuantes, elles se plient à tout, sans cesser un instant d'être elles-mêmes : dans ce nombre on en distingue encore de fourbes & de méchantes ; rien n'est sacré pour elles, lorsqu'elles ont intérêt de nuire ; mais quand l'art cesse de se cacher, elles sont peut-être moins dangereuses que celles, dont les passions semblent plus concentrées.

Quelques-unes sont galantes avec réserve, d'autres le sont sans ménagement ; que ces exemples vous affligent, mais qu'ils ne vous aigrissent point. On vit avec la femme qui nous respecte assez pour craindre notre censure ; on évite celle que le cri public nous autorise à mépriser, & l'on se tait, autant qu'on le peut, sur leurs torts.

Il est une troisieme classe de Femmes, que vous devinez peut-être : je serois embarrassée de vous en parler, si je n'étois fondée à espérer que vos principes seront plus inébranlables que n'ont pu être les leurs. Commandées par leur sensibilité, entraînées par un sentiment qu'elles n'ont pas assez combattu, on conjecture qu'elles y ont cédé. Des circonstances ignorées intéresseroient peut-être à leurs fautes ; je réclame votre indulgence pour elles. Vous en entendrez porter des jugemens divers ; l'envie les noircira, le monde qui s'accoutume à tout, au bout d'un temps les respectera ; mais toujours les Femmes voudront-elles paroître éclairer leur conduite, les unes par intérêt, les autres pour critiquer, toutes par quelques motifs aisés à démêler. Que rien de tout cela, ma chere enfant, n'altere votre façon de voir & de sentir : étendez sur ces victimes d'une passion dangereuse, le voile que la malignité seule se plaît à déchirer. Jamais ne levez ce voile la premiere ; arrêtez par un doute honnête & estimable la main qui veut y toucher ; & quelque considération que vous voyez succéder à la durée de ces liens, défendez-vous d'y sacrifier l'estime qu'obtient infailliblement une conduite sans tache.

Ces Femmes dont je vous parle, n'ont certainement fixé un honnête homme que par des qualités solides; une foibleſſe ne doit pas les éclipſer à vos yeux; vous pouvez même augurer qu'elles ſont plus dignes que bien d'autres de faire de bonnes amies, & d'être de bon conſeil. D'ailleurs, leurs affections captivées par un ſeul objet, abſorbent l'eſpece de coquetterie générale, & détruiſent les petites rivalités qui éloignent; c'eſt une raiſon de plus de compter ſur elles. Les agitations qu'on juge être inſéparables de leur poſition, vous fuyent : chacun vit pour ſoi. La vertu farouche & dure veut ſonder tous les cœurs, régler tous leurs mouvemens; mais la vraie vertu porte avec elle un caractere de bonté & de douceur qui ſe répand ſur tout ce qui l'environne.

Il faut être délicate dans le choix de ſa ſociété, & jamais ſévere. Connoiſſez les Femmes qui la compoſent avant de vous y livrer, & préparez-vous d'avance à ménager les petits foibles qui les tyranniſent, plus qu'ils ne peuvent vous nuire; les plus aimables en ſont quelquefois remplies. C'eſt l'amour des préféances; c'eſt
le

le desir dominant d'effacer tous les autres ;
c'eſt la vanité qui recherche les éloges ;
c'eſt l'amour-propre qui ſe fait valoir ; c'eſt
l'occupation frivole de la parure ; c'eſt la
prétention à l'eſprit, aux graces, aux talens : viennent enſuite les *ſuſceptibilités
d'égards*, les jalouſies qui s'étendent ſur
les plus petits objets, l'envie que les
moindres préférences excitent : tel eſt le
but de la critique & de la médiſance. Les
unes ſe bornent à plaire, d'autres veulent
dominer ; toutes ambitionnent de régner.
L'uſage veut qu'on carreſſe tous ces ridicules pour en tirer parti : moi je vous
invite à les tolérer, parce que vous ne
les corrigeriez pas ; celle d'entre les Femmes qui a le plus travaillé à s'en affranchir, doit ſentir qu'il étoit en elle d'y
être ſujette, & excuſer ce qu'une Education moins parfaite n'a pu rectifier.

Figurez-vous que ce ſont des ombres
néceſſaires au tableau ; les défauts de
l'une, ſervent ſouvent à faire valoir
l'eſprit & l'agrément des autres ; la
ſociété n'y perd point autant qu'on ſe

le persuade. Dans le commerce intime, c'est encore à la Femme supérieure, à écarter ces nuages qui semblent obscurcir les vertus. Sachez pardonner une foiblesse à votre amie, pour laquelle un avis seroit peut-être un reproche offensant. L'amour-propre humilié *attiédit* le cœur, & nous avons toutes infiniment d'amour-propre. Accoutumées à beaucoup de ménagemens entre nous; flattées continuellement par l'adulation des hommes; plus notre vanité s'étend, plus la vérité nous blesse. Ce n'est que de la connoissance bien réelle de nous-mêmes, que nous devons attendre des secours. Ces secours, sont nos efforts pour nous perfectionner, & c'est l'appréciation exacte de ce que nous valons, qui nous met en garde contre les éloges, que nous ne méritons pas. Aux ames fortes les louanges servent d'encouragement ou d'émulation, mais elles trompent & amollissent les ames foibles. Sorties des mains d'une mere, si nous ne tombons pas entre celles d'un mari sage, éclairé & qui nous plaise, nous n'avons plus d'autre foutien que celui de la raifon acquife. Gâtées par les hommes, excitées par l'exemple, entraînées par le torrent ; dans le rang où nous a placées la Providence, tout femble tourner contre notre moral. Bornées aux vertus privées, nous n'avons pas comme les hommes, ce *puiſſant véhicule* de l'amour de la gloire ; cette paffion ardente qui porte aux grandes actions, à ces vertus utiles, que leurs effets rendent fublimes aux yeux des contemporains. La reconnoiffance les exalte, l'encens qu'elle leur brûle n'eft point une fumée qui s'évapore, c'eft un nouveau feu qui allume le défir de bien faire : des poftes honorables font à la fois des moyens, des récompenfes, des fignes & des témoignages de confiance, qui fatisfont l'ambition. C'eft peut-être ainfi que par gradation, certains hommes arrivent à l'amour du bien.

Ces temps ne font plus, où les Femmes pouvoient prétendre à la gloire de partager le triomphe, & les honneurs. Rome éleva une ftatue à Clélie, Porfenna admira son courage ; parmi nous elle n'eût été qu'une femme ordinaire, inutile & ignorée. La forme des Gouvernemens transforme les mœurs ; n'y pouvant occuper des places distinguées, nous devons dédaigner d'y avoir des influences, toujours soupçonnées d'artifice ou de manege ; elles nuisent plus à la réputation, qu'elles ne peuvent rapporter à la vanité.

En se restraignant aux vertus de son état, on est bien plus grande à ses propres yeux qu'aux yeux des autres. S'il est une vertu désintéressée, c'est celle d'une femme qui reste attachée à ses principes ; car quelle est la conduite pure & sans tache, que la malignité ait respecté ? C'est donc uniquement pour le plaisir de s'estimer davantage qu'on remplit strictement tous ses devoirs. La sagesse, ce premier point d'honneur des femmes, ne leur promet que de la vertu sans gloire. Si le point d'honneur des hommes expose à des périls, au moins il assure de grands dédommagemens : ce partage ne paroît point égal ; on brave souvent la mort plus aifément qu'on ne triomphe de fes paffions. Cependant les hommes font encore fûrs d'établir en leur faveur des préjugés commodes, qui laiffent un libre cours à leurs penchans, qui tolerent tous les écarts de leurs fens, & l'inconftance de leurs goûts ; tandis que ce fexe né plus foible, parce qu'il eft plus fenfible, a fans ceffe à combattre & à vaincre. Mais telles font les conventions reçues ; vainement on réclameroit contre leur injuftice. A ces différences près, toutes les autres vertus morales & fociales, font les mêmes pour les deux fexes.

Les Femmes n'adminiftrent point la juftice, mais elles doivent la connoître pour l'aimer, & l'exercer dans l'intérieur de leur ménage. C'eft-là que le refpect humain n'oppofant plus de barriere aux paffions, celles-ci jouent le plus grand rôle. L'humeur, la vivacité, l'impatience, la colere font prefque toujours injuftes : auffi le tableau d'une femme modérée chez elle, refpectée de ceux qui la fervent, aimée de ceux qui l'approchent, peut-il être regardé comme l'enseigne de beaucoup de qualités solides & précieuses. On ne trompe pas long-temps l'opinion du public par cette bonté foible qui n'a que des effets nuisibles ; elle rend trop imparfaitement heureux ceux qui en abusent, pour qu'ils en soient contens ; les autres ont souvent à s'en plaindre, & l'homme foible a toujours à regretter. La bonté n'est donc une vertu qu'autant qu'elle est ferme & équitable : c'est une des facultés la plus étendue de l'ame ; elle rend humain, compatissant, généreux. La sensibilité se laisse émouvoir par le malheur ; mais la bonté soutient le malheureux, le releve & le soulage. C'est un sentiment si pressant, si actif, que souvent l'amour-propre, quelque subtil qu'il soit, n'a ni le tems de le prévenir, ni celui de le seconder : le motif reste aussi pur que l'action est louable.

Non-seulement c'est à la bonté de l'ame que nous sommes redevables des plaisirs attachés à la bienfaisance ; mais nous lui devons encore cette délicatesse qui interdit la vengeance, cette candeur de caractere qui nous fait aimer des autres. On ne prise pas assez cette qualité, on ne cherche point assez à la développer & à la nourrir : il suffit d'en faire une vertu éclairée pour *que le reflet de ses impressions* embellisse & améliore les moindres actions. Peu de gens savent goûter le bonheur d'être bons, parce qu'il est trop près d'eux : ils dédaignent la douceur de ces riens que procurent des jouissances instantanées, & qui accoutumeroient leur cœur au besoin de répandre les bienfaits. La nature à cet égard semble nous avoir si bien douées, qu'il ne reste qu'à nous bien diriger. Sur beaucoup d'autres objets, les préceptes sont plus nécessaires.

La reconnoissance est encore une affection de l'ame, un sentiment qu'il est doux d'exhaler, dont la *cause* est chere à celui qui l'inspire, & l'*effet* précieux à celui qui le ressent. Je ne sais pourquoi on s'est plu à le dégrader, en lui prêtant des vûes d'intérêts à venir ; ou à le regarder comme un poids, dont l'esprit est toujours pressé de débarrasser le cœur. Ce n'est plus de la reconnoissance, & ce n'est jamais ainsi que l'éprouvera une ame sensible & délicate. Il est satisfaisant de supposer ce sentiment dans les autres, tel qu'on est susceptible de le ressentir soi-même; avec ces tendres émotions qu'excite, non le bienfait seul, mais l'acte de bienfaisance, & la présence du bienfaiteur : que de douces larmes alors il fait répandre ! l'embarras n'est que dans l'expression ; & le poids, s'il en est un, ce n'est pas l'obligé qui le porte.

Il est des ingrats, sans doute, il est des hommes vicieux, & l'ingratitude elle-même est un vice. Mais il est aussi bien peu de gens, qui sachent mériter la reconnoissance qu'ils se croyent en droit d'attendre; l'exiger c'est déja perdre la moitié de ce droit : l'homme véritablement bienfaisant est dépouillé de cette vaine ostentation qui ternit, ou altere la pureté des motifs. Simple dans ses promesses, actif dans ses démarches, il dérobe aux yeux de l'obligé jufqu'au zèle qui l'anime; il craint de lui impofer des obligations faites pour diminuer, fi ce n'eft le prix du fervice, au moins le plaifir qu'il a procuré. Cet homme, s'il pouvoit, feroit moteur ignoré, & le peu qu'il croiroit perdre d'un côté, il le regagneroit au double dans fa propre eftime: *mouvement caché de l'amour-propre*, va-t-on dire; mais d'un amour-propre bien dirigé. Qui ne fait pas qu'il a part à prefque toutes nos actions? qu'il devient vertu, ou du moins principe vertueux, felon le degré d'*impulfion* qu'il reçoit d'une ame honnête, pour agir plus puiffamment fur l'imagination qu'il échauffe & fur le cœur qu'il détermine? *Toujours de l'homme par-tout*, s'écrie-t-on! Eh, pourquoi pas? Voudroit-on que les hommes fuffent des dieux? ils font tous nés avec des foibleffes, avec des paffions; mais le germe des vertus n'en eft pas moins dans leur cœur; & certaines paffions, (s'il eft permis de s'exprimer ainfi) femblent le feconder; de ce nombre eft l'amour propre. L'orgueil, la fierté, la vanité, préfervent auffi certaines femmes d'une infinité de travers, & font peut-être, fans qu'elles s'en doutent, le foutien de leur vertu.

Les paffions ont donc leur utilité ; mais les regarder comme le premier mobile de toutes les grandes actions, ce feroit prendre l'effet pour la caufe. Lorfque nous nous abandonnons aux paffions, fi on doit leur attribuer tout le mal qui nous arrive, & celui que nous caufons, leur principe eft vicieux : fi modérées & reftraintes par l'efprit & la raifon, elles ne nous meuvent qu'autant qu'il eft néceffaire pour préferver l'ame de l'engourdiffement; dès qu'elles laiffent le choix du bien, elles ajoutent à nos forces pour l'exécuter, & il faut bien qu'elles agiffent fur un principe vertueux. Ce principe, au refte, ne me paroît pas plus difficile à admettre, que le *principe vicieux* auquel on accorde un fi grand pouvoir. C'eft précifément l'alliage néceffaire aux métaux : l'or eft plus malléable encore par le fecours de l'argent, tous deux ont befoin d'un corps étranger (tel que le cuivre) qui diminue leur extrême ductilité, les rend durs & propres au travail ; ce mélange n'empêche pas la divisibilité de l'espece ; il favorise l'usage, & ne détruit point l'existence réelle & particuliere de chacun de ces métaux. Il en est de même des passions, elles s'allient avec les vertus, leur donnent du ressort ; mais elles les altérent ou les absorbent dès qu'elles les dominent.

On s'est trop appliqué dans notre siécle à décomposer les actions des hommes, à calculer leur valeur, à sonder l'intention ; & souvent on leur a supposé des principes & une direction, qui anéantit toute espece de vertu & de sentiment : ce ne sont plus que des mots. Qu'il soit au moins permis au cœur de gémir en se voyant enlever son bien le plus cher ! Vaine gloire, ambition, intérêt, besoin & plaisir physique, telle est la source à laquelle on semble vouloir nous contraindre de remonter. Fût-elle aussi féconde qu'on le prétend, cette source seroit affligeante à découvrir. N'ôtons à l'humanité ni ses biens, ni même l'erreur qui la soutient & la confole. L'éclat d'une trop grande lumiere bleffe les vues les plus perçantes & affoiblit les autres, il en eft même qu'il aveugleroit. Le bandeau eft donc précieux à conferver, fur-tout aux jeunes perfonnes. Des *principes* encore *chancelans*, rendroient la lecture de ces ouvrages pernicieufe pour elles.

Il n'appartient qu'à l'homme fupérieur d'aimer affez la vertu pour y croire dans les autres, & pour la pratiquer lui-même, lorfqu'on la lui montre dépouillée de ces charmes qui excitoient fa foi, & fon amour. C'eft de l'enthoufiafme dont nous avons befoin, & non des prétendues lumieres qui le refroidiffent. Quel eft l'homme paffionné qui oferoit répondre d'aimer encore fa Maîtreffe, fi elle devenoit hideufe? Combien en eft-il également parmi nous, qui feroient infiniment moins de bonnes œuvres, s'ils pouvoient fe foupçonner eux-mêmes d'un motif vain & pufillanime, apperçu & apprécié par tout le monde? Il eft des foibleffes qu'il faut favoir refpecter. Les Prêtres du Paganifme avoient autrefois des secrets impénétrables ; ces secrets rendoient leur Religion plus imposante, le culte plus suivi & mieux observé. Supposons que la vertu a aussi les siens ; reconnoissons les Philosophes pour dépositaires, mais prions-les de les garder (ces secrets) & passons à l'examen des vertus sociales.

La probité tient à l'honneur & à la justice : ces vertus s'inspirent, & on ne sauroit les graver assez profondément dans le cœur. La dépendance à laquelle les loix asservissent les femmes, l'autorisation dont il faut que tous leurs engagemens reçoivent leur valeur, fait négliger cette partie essentielle de leur éducation. Rarement on parle de la probité des femmes, mais l'on s'étonne journellement qu'elles attachent si peu d'importance à la foi des traités ; qu'il y ait si peu de fonds à faire sur leur parole. Apprenez-leur que les écrits sont moins sacrés. Rendez leur probité délicate jusques dans l'intention. Qu'elles sachent qu'en affaires, il ne faut jamais se permettre le moindre subterfuge ; & la noblesse des procédés dont elles font capables, détruira bientôt les fufpicions, que de légères infractions ont pu faire naître.

Ces leçons d'ailleurs ne demandent qu'à être étendues, car elles font de pratique habituelle. Les jeunes perfonnes doivent avoir appris à promettre, à tenir, à donner & à recevoir. Pour affermir encore plus folidement leur équité, je voudrois leur propofer fouvent des queftions difficiles à réfoudre ; cette méthode formeroit à la fois leur efprit à la juftefle, leur tact à la précifion, leur cœur à l'impartialité ; & en devançant ainfi les refforts de l'intérêt perfonnel par des jugemens défintéreflés, on prémuniroit ces jeunes perfonnes contre toute efpece d'aveuglement dans leur propre caufe.

C'eft très-fouvent par ignorance que les femmes paroiffent injuftes ou de mauvaife foi. Forcées par état de s'en rapporter à un confeil, elles agiffent peu d'après elles, & le confeil ne préfume pas toujours être obligé à une délicateffe qu'elles envifageroient comme un devoir :

quelques légeres connoiſſances des affaires pareroient à ces inconvéniens.

La sûreté dans les affaires nous conduit à la sûreré dans le commerce ; qualité précieuſe, qui renferme néceſſairement de la prudence & de la diſcrétion. Ces deux mots, comme beaucoup d'autres, ont pluſieurs acceptions, & preſque toutes ſont applicables à la réſerve, qu'exige la ſociété générale & particuliere. C'eſt la prudence qui fait preſſentir les conſéquences de ces petites choſes qu'elle fait taire, quand la légéreté ſe plaît à les divulguer : c'eſt elle qui empêche de paroître voir celles qu'on déſire nous cacher : c'eſt elle qui fait écouter patiemment ces riens que, dix fois de ſuite, on ſemble ignorer : c'eſt elle qui fait que nous ne compromettons jamais ni nous, ni les autres. La prudence regne juſques dans le geſte & le maintien ; elle eſt indiſpenſable pour la conduite perſonnelle. C'eſt le génie qui veille ſur nous, qui nous pouſſe, qui nous retient ; c'eſt enfin le conſeil de tous les momens, l'amie qui honore tous les âges ; mais il faut qu'elle se fasse plus sentir qu'appercevoir. Si elle s'affiche par la contenance, elle devient pruderie, & c'est un ridicule ; si elle s'annonce par les réticences dans le propos, elle dégénere en indiscrétion. Bien des gens ont le malheureux talent de tout dire, en observant bien de ne point parler.

La discrétion est plus connue, parce qu'elle a des regles plus fixes & moins étendues ; mais sont-elles mieux suivies ? Tout le monde admet la loi du secret ; la bonne foi le confie, l'honneur le garde, les tourmens ni la mort ne peuvent autoriser à le trahir. C'est un dépôt si sacré qu'il délie des obligations de la vérité ; on rougiroit de la transgresser pour soi ; ce seroit une foiblesse que de ne s'en pas dégager pour un autre. Souvent qui *s'étaye* de cette excuse : *je ne scais pas mentir*, devroit plutôt avouer qu'il ne sait pas se taire. Un secret est un fardeau trop pesant pour bien des gens ; quelques-uns oublient qu'ils en sont chargés, beaucoup

coup se retranchent sur ce qu'ils n'ont rien promis, comme si la loi qu'impose l'un, n'étoit pas un engagement pour l'autre.

Il arrive aussi qu'on *mesure* sa discrétion sur les mouvemens de son cœur, ou qu'on la calcule d'après sa maniere de voir. Tel qui est fidele à la confiance de l'amitié, ne l'est pas toujours à celle d'un être indifférent. Tel qui ne réveleroit pas une chose qui lui paroîtroit importante, ne se fait qu'un léger scrupule de divulguer le secret, auquel il ne peut attacher une certaine valeur ; & ce n'est peut-être pas encore-là, le plus grand écueil de la discrétion : il se trouve dans le sein de l'intimité. Deux amis, accoutumés à n'avoir qu'une même ame, souffrent dès qu'ils cessent d'oser se communiquer toutes leurs pensées. La tendresse est comme ces fleuves qui débordent, & entraînent tout avec eux. L'ami qui interroge ou qui presse, est mille fois plus à blâmer que celui qui succombe. User de l'ascendant de l'amitié, pour rendre son ami coupable d'une foiblesse, est une action indigne d'un sentiment délicat.

Formons des principes vrais de toutes ces choses, aux jeunes personnes. Mettons des bornes à la curiosité, qui souvent les rend indiscrettes. Opposons-nous à la vanité, qui ne peut gueres se parer de la confiance sans en abuser, & à la légéreté qui toujours la trahit. Qu'elles sachent qu'il n'est qu'un point fixe dans la discrétion; c'est d'être impénétrable sur le secret d'autrui, quel qu'il puisse être; fut-ce même celui d'un ennemi. Le mensonge officieux auquel il oblige, n'est pas plus criminel par le *non* affirmatif qui caractérise l'ignorance, que par les détours qui cherchent à la faire supposer. Peut-être cependant existe-t-il quelques exceptions à cette regle générale: l'honneur, la gloire d'un ami peuvent se trouver comprises; cette circonstance mérite de l'indulgence lorsqu'on manque à la discrétion, mais ce n'en est pas moins une faute, sur laquelle la jeunesse pourroit s'aveugler aisément.

On appelle aussi discrétion ce soin de n'être jamais de trop nulle part : attention prévoyante qui fait qu'on plaît toujours ; tact fin qui nous avertit que bientôt nous cesserions de plaire : l'un & l'autre veulent être accompagnés d'une prudence délicate, qui dérobe l'intention aux yeux intéressés, qu'elle blesseroit, & qui ne la laisse pas même démêler aux yeux indifférens, qu'elle pourroit éclairer.

Il paroîtroit sans doute bien rigide, de n'oser se permettre quelques légeres observations dans la société particuliere, & c'est par cette raison-là même qu'elle exige le plus de sûreté. Moins il est d'usage de parler de soi, plus on est exposé à parler souvent des autres. On porte son jugement, on fait ses remarques ; la conversation s'égaie par une sorte de médisance ; mais cette médisance a tout le caractere d'une confiance réciproque, puisque personne n'a le projet de nuire, ni même la crainte que personne soit capable d'en abuser.

Les plaisanteries redites s'enveniment,

& *empruntent* presque toujours le vernis de la satyre : celles qui se font en face sont les seules permises ; elles mettent de l'agrément dans ces sociétés, où les uns ont assez de finesse pour les entendre, les autres assez d'esprit pour s'y arrêter. Il faut pour cet heureux concours un peu d'égalité dans l'humeur, & point trop de disproportion dans le génie. Quiconque mésuse de son ascendant sur le foible, démasque une sotte gloire, & se range de lui-même dans la classe des esprits médiocres. Celui qui se livre aux saillies de son imagination, avant de juger le coup qu'elles peuvent porter, est un étourdi qui amuse ; mais il se fait haïr de ceux qu'il offense. La plaisanterie veut être maniée avec grace & légéreté : son sel doit être doux comme le parfum de ces fruits amers, que personne n'aime à manger, mais que tout le monde se plaît à sentir ; au moment où elle effleure l'amour-propre, prête d'atteindre la sensibilité, elle a déja passé le but.

Il est bien essentiel d'éloigner les jeunes personnes de toute espece de causticité ; ce n'est qu'un abus de l'esprit, dont l'habitude gâte le cœur. La vanité seule donne naissance à ce caractere : on y sacrifie souvent des qualités, qui nous auroient fait plaire avec moins d'éclat ; & l'estime nous eût mieux ménagé, que la crainte. Celui qui, après s'être fait redouter, se repose sur la timidité de ses ennemis, ignore que la crainte a des armes cachées, & que tôt ou tard elle se venge.

On ne domine jamais sur les autres impunément : si quelques dons de la nature sembloient nous assigner cet avantage, loin de s'en prévaloir, il faudroit, comme l'on dit, *employer la moitié de son esprit à cacher l'autre.* « Mon fils, (disoit Parménion, Général d'Alexandre), *ménages à ton Maître le plaisir de te reprendre.* Ma fille, devroit dire une mere, ne montrez jamais que le savoir, ou la sorte d'esprit qui peut convenir à ceux, à qui vous parlez, c'est le moyen de captiver leurs suffrages. Le talent de faire briller les autres, est bien plus rare que celui de briller soi-même ; attachons-y de l'amour-propre, & bientôt nous le préférerons, car il nous assure des succès. Il faut que toutes les passions ayent leur ressort; ainsi commençons toujours par leur offrir un but.

Les effets de l'amour-propre se multiplient à l'infini, selon la diversité des caracteres ; c'est le tableau le plus varié, & celui dont le plus profond examen, laisse peut-être encore très-loin d'une connoissance exacte. Il faudroit pour sonder les derniers replis de l'amour-propre, que chaque homme eût la bonne foi, de convenir des mouvemens différens qu'il éprouve, & combien peu osent se les avouer ! Il est cependant utile de connoître en général jusqu'où peut s'étendre l'empire de l'amour-propre, pour parvenir à juger les autres; mais il est de la derniere importance de s'éclairer sur la forme particuliere de celui de ses éleves; ce doit être l'étude & le travail continuel, d'une mere auprès de sa fille.

C'est souvent par amour-propre, que

les jeunes perfonnes paroiffent timides : plus elles ont le tact délicat, moins elles font contentes d'elles, & plus elles craignent qu'on ne les apprécie mal. Ce rafinement fubtil qu'on prend quelquefois pour de la modeftie, n'en a que l'embarras, fans en avoir le charme. L'ame modefte eft fimple, naturelle ; elle ne cherche point à fe montrer, mais elle fe laiffe voir ; on la trouve toujours elle-même. Ce n'eft point doute de ce qu'elle vaut, c'eft une ignorance & un abandon, qui la rendent plus aimable : au contraire, la timidité de l'amour-propre nuit toujours à l'amabilité : l'appréhenfion tient l'efprit à la gêne, & le retrécit ; on ne remédie à ce défaut que par l'encouragement. Apprenez à ces jeunes perfonnes ce qu'elles peuvent valoir ; aidez-les à ufer de leurs reffources, & fur-tout apprenez-leur en même temps, à bannir cette fauffe honte du défaut de fupériorité : qu'elles fachent être médiocres avec grace, c'eft le mérite le moins commun aux gens d'efprit, & celui qui les fait le plus généralement rechercher.

Il est encore un amour-propre excessif, dont le ton décidé révolte. Quelque bien soutenu que soit cet amour-propre par les qualités de l'esprit, il les diminue aux yeux de ceux qu'il blesse; & il blesse tous ceux qu'il mortifie. Celui-là est très-rare dans les jeunes personnes; elles ne le prennent que quand on semble les y forcer par l'excès des louanges, & elles ne se familiariseront jamais avec lui, quand on leur aura fait sentir qu'il n'en résulte que de la haine, & du ridicule.

L'amour-propre le plus commun, est celui qui porte à la confiance. On est content de soi, on imagine que les autres doivent l'être de nous; car en mettant dans la société tout ce qu'on a de fonds, on se croyoit d'avance sûr de plaire. Cet amour-propre qu'il ne faut pas donner, mais qu'on peut laisser prendre, rend très-aimable; il n'offusque *légitimement* personne, il rapproche du naturel; il laisse à l'esprit une liberté qui le fait valoir, & qui tourne encore au profit du jugement. Je dis qu'il ne faut pas le donner, parce qu'il eft bien des caracteres auxquels il ne fiéroit pas ; & en devenant factice, il perdroit l'agrément qu'on peut s'en promettre.

Les gens très-bornés, ont prefque toujours un amour-propre exceffivement fufceptible ; foit que le fentiment de leur infériorité, les irrite contre les hommes qui leur font fupérieurs ; foit que le défir de les atteindre les tourmentent, ils fe trouvent hors de rang à toutes les places; celle qu'on leur affigneroit feroit une injure ; celle qu'ils veulent prendre *affiche* leurs défavantages. On les voit par-tout mécontens, ennuyeux & ennuyés, perfuadés de l'intention qu'on a de leur déplaire ; l'*oubli* pourroit cependant leur être fouvent caution de l'*innocence*. Ce défaut rend quelquefois fort à charge, des gens qui auroient pu être très-fupportables. Garantiffons les jeunes perfonnes de toutes ces prétentions défordonnées ; que la bonté, la douceur, la fimplicité remplacent en elles les agrémens dont la nature a été avare : ces qualités, fi elles ne rendent aimables, font toujours aimer & considérer. La considération est le culte dû aux vertus, conséquemment l'hommage le plus flatteur pour l'amour-propre qu'on a pris soin de régler.

La morale sévere qui voudroit dépouiller les femmes de toute espece de prétentions quelconques, ne seroit qu'une chimere. La prétention la plus mal-fondée, est celle de croire n'en avoir aucune. Mais quand chacun ne prétendra qu'aux avantages, que le mérite personnel peut véritablement justifier, tout sera dans l'ordre; & ce commencement de bon esprit, amenera le tact nécessaire, pour paroître recevoir comme grace, un prix que foncierement on attend comme tribut. Conduisons toujours la jeunesse par le sentier étroit de la vérité, elle ne s'égarera point. On lui dit vaguement: *Ne prétendez à rien, & vous obtiendrez tout.* L'une sent l'impossibilité de cet abandon; l'autre ne prend pas la peine d'y réfléchir; & toutes cédent à la pente naturelle de l'orgueil : c'est ainsi que beaucoup de gens marquent du doigt, le point le plus haut auquel ils puissent atteindre, & semblent dire aux autres : *Regardez-bien, c'est-là que je veux être*. Ce seroit à une mere éclairée à fixer ce point au profit de la modestie.

Elle ménageroit à sa fille la surprise de se surpasser quelquefois, & aux autres le plaisir de rencontrer une femme supérieure à ce qu'elle croit valoir.

Cet article qu'on est habitué à négliger, demande la plus scrupuleuse attention. Tous ces petits défauts que nous avons observé que l'on reproche aux femmes, ont pour cause premiere, la quantité de prétentions qu'elles se forgent; plus elles en ont, moins elles tolerent qu'on en ait. Celles qui se répandent en éloges, ne sont souvent pas de meilleure foi. Le manege de la critique est si rebattu, si épuisé ; il est devenu si visible, qu'on veut en *paroître dégagé* ; mais cette ressource commence aussi à vieillir ; bientôt, il ne restera plus que le parti de revenir au vrai.

J'ai remarqué quelquefois, que sans être autrement piqué du mérite des femmes de sa société, on n'est jamais pressé de les faire valoir. Ce n'est ni envie, ni jalousie ; c'est presque un sentiment naturel renfermé dans l'amour de l'égalité. On sent que l'éloge familier, plus vrai qu'aucun autre, flatte davantage ; & l'on suppose à l'orgueil qui en pourroit naître. Louer une femme que l'on voit tous les jours, l'admirer ; il semble que ce soit lui donner le droit de se placer au-dessus de nous. Rien ne se combine, rien ne se calcule ; mais tel est le résultat. L'absence changeant à cet égard les affections, un mouvement, tout aussi peu réfléchi, fait saisir la plus légére occasion d'applaudir celle, dont la vanité n'est plus à craindre, parce qu'elle n'est plus présente ; & l'on attache une forte de gloire, à renchérir sur les louanges qu'elle peut mériter. Cette distinction paroîtra plus frappante encore, si l'on observe qu'il n'est point de femmes qui ne croient au contraire, s'associer aux vertus d'un homme qu'elle exalte : la différence de sexe annulle donc la rivalité ; & cette rivalité est donc toujours la *pierre d'achoppement*, contre laquelle vient *échouer* la raifon ? Loin de mafquer ce piege aux jeunes perfonnes, il eft bon de leur en parler fouvent ; ce n'eft qu'en les forçant à l'examen de ces mouvemens cachés, qu'on peut en affoiblir l'impulfion. Le moment eft venu de leur apprendre à fe connoître ; en les familiarifant avec leurs bonnes qualités, on les leur rend plus cheres ; on les encourage, & l'on prévient l'excès de la vanité par des réflexions morales. « Plus on eft vertueux, dit M. Duclos, » plus on eft éloigné d'en tirer vanité, » & plus on eft perfuadé qu'on ne fait que » fon devoir ; les vertus ne donnent point » d'orgueil ».

De même, en éclairant la jeuneffe fur fes défauts, on difpofe le raifonnement à les rectifier, & l'amour-propre prend fur lui, le foin d'empêcher qu'ils ne deviennent à charge aux autres. Quand on fent bien l'étendue de fa force & de fes foibleffes, on ne préfume ni trop, ni trop peu de foi. Le doute ne vient point altérer l'ame ou la refroidir ; la témérité ne fait point braver les occafions périlleufes ; & avec le temps, on parvient en quelque sorte à maîtriser les événemens. Mais combien il faut d'années pour acquérir seule cette portion de jugement, qui émane de la connoissance de soi-même ! Combien il faut de circonstances réunies, dont le concours mette notre vertu à l'épreuve ! Eh combien de fois, il faut que l'expérience nous montre cette vertu en défaut, avant d'atteindre le but que nous nous étions proposé ? C'est ce qui a fait dire que l'être le plus sûr de lui ; celui qui approche le plus de la perfection, est peut-être l'homme dont le malheur a relevé la vertu & le courage, après avoir passé par les plus grands écarts. Les préjugés conservent cette ressource aux hommes, mais une telle vertu empoisonneroit le reste des jours d'une femme : épargnons-en l'apprentissage aux jeunes personnes. Tâchons que leur expérience se forme à l'école de ce bonheur qu'on goûte infailliblement, en remplissant constamment ses devoirs.

C'est cette fidélité exacte qui mérite l'estime, digne prix de toutes les vertus ;

sentiment d'autant plus flatteur qu'il est involontaire : on l'inspire sans le commander ; on l'éprouve sans le vouloir : l'injustice le rend quelquefois affligeant ; il en coûte d'estimer son rival ou son ennemi. L'amitié fait de l'estime un sentiment doux & facile, souvent indulgent ; mais il n'est pas long-temps aveugle : l'instant où le bandeau tombe est cruel pour le cœur, humiliant pour l'esprit : néanmoins à peine cesse-t-on d'estimer, que bientôt on cesse d'aimer. Qui n'a rien à se reprocher, peut toujours prétendre à l'estime ; ce droit ne s'abandonne jamais sans l'avoir perdu : la calomnie remplit son objet en y portant atteinte, mais elle n'abat que les lâches *à demi-coupables*. L'innocence brave avec force les traits qui la blesse, & la vérité, quoique portée à pas lents vers l'avenir, l'aide enfin à triompher. Cette douce certitude est la consolation des malheureux, que le méchant opprime. Un mépris injuste retombe sur celui qui cherche à le faire naître ; & il est peut-être moins accablant pour celui qui l'excite, que ne feroient certaines marques de confidération qu'il fentiroit ne pas mériter. Accoutumons les jeunes perfonnes à les envifager comme des reproches. Préfervons-les auffi de fe croire eftimables *par le mal qu'elles ne font pas*; foible reffource des ames tiédes, qu'on voit toujours refter au-deffous du bien.

L'eftime méritée eft une jouiffance délicieufe; par elle, toutes les autres jouiffances s'embelliffent; fans elle, il n'y en auroit aucune de vraie; on ne peut être flatté que de ce qui porte fon *empreinte*. Dans la fociété intime ou particuliere, les foins, les attentions, la confiance, les diftinctions ne font que des *points*, dont ce fentiment eft le *centre* : l'homme qui n'y rapporte pas toute fa gloire, qui n'y met pas tout fon bonheur, brife pour lui le lien le plus cher de la vie : lien qu'il eft fi fatisfaifant d'étendre, même au-delà du tombeau ! lorfque l'eftime nous accompagne dans la tombe, le fouvenir nous en rappelle : notre réputation refte encore loin derriere nous. On attaque fouvent la

vanité

vanité qui excite l'homme à fe furvivre, comme fi elle n'étoit pas un des plus puiffans aiguillon de la vertu ? Ne pouvant la féparer de l'humanité, reconnoiffons-y un décret inaltérable. Rien n'a été fait en vain. Celui qui meurt deshonoré, combien de fois n'eft-il pas déja mort? L'idée de mépris attachée à fa mémoire, eft un vrai fupplice, qui trouble en lui, jufqu'au douloureux défir de n'être plus.

Une réputation intacte eft la premiere bafe du bonheur : c'eft le tréfor qui fournit à tout, fans s'épuifer jamais. Mais la réputation des Femmes, eft une fleur facile à flétrir ; il faut en être jaloufe, fans en paroître efclave. La *délicateffe* fuffit à *l'honnêteté* ; les recherches minutieufes ne parent aucuns coups, & les extrêmes en tout genre, dépofent contre le naturel. On fe défie du refpect humain, on révere la franchife : qui ne donne pas lieu à la fatyre, lui refte toujours fupérieur. Préparons cependant les jeunes perfonnes, aux triftes effets de la calomnie ; nulle Femme encore, peut-être, n'y a entierement échappé. On nous juge si légérement d'après de fausses inductions ; on est si prévenu contre nos mœurs ; en général on se plaît si fort à déprécier le mérite qui porte ombrage, qu'on se fait un jeu d'y porter atteinte, & le calomnié est bien tenté à son tour, de devenir médisant : c'est ainsi que le vice enfante les défauts.

Ma fille, dirois-je, sauvez-vous avec soin de tous les ridicules ; ils nuisent aujourd'hui plus que les fautes : soumettez-vous aux usages, il n'y en a point de tyranniques pour un esprit juste. Le repos & la tranquillité d'une Femme, dépendent de la premiere opinion qu'on prend de sa conduite. Les airs, les tons, les manieres, les singularités, attirent des ennemis ; une étourderie leur fournit des armes, & l'on paie l'imprudence d'un moment, par l'amertume de ces soupçons, que le temps a peine à détruire. Craignez les mauvais propos pour vous, n'en hazardez jamais sur les autres ; vrais ou faux, c'est un tort qu'on ne répare point.

La médisance semble être fille de la

jalousie ; elle ne l'est souvent que de la légéreté, ou de l'inconsidération. Si malheureusement elle porte sur des actions, elle attaque plus directement ; cependant ces actions peuvent n'être blâmables qu'en apparence ; & c'est ainsi que trompée la première, vous séduisez ceux qui vous écoutent, & que l'innocent devient votre victime : songez que c'est soi-même que l'on respecte dans la personne des autres. Etre autorisé à s'en plaindre, n'est qu'un motif de plus, pour s'imposer un rigoureux silence : l'ame souffre : un ennemi est une mouche qui nous a piqué, on est pressé de lui arracher les aîles ; mais qu'on est content de soi, après l'avoir épargné ! La seule vengeance permise, est le service qu'un amour-propre bien entendu, nous invite à rendre à nos ennemis. Il est peu de reproche plus sensible, & souvent il arrive que le bienfait facilite l'excuse. Néanmoins il est des offenses qu'on croit pardonner, & qu'on n'oublie jamais : si elles partent du cœur, elles déchirent celui qu'elles outragent. La vanité *admet des accommodemens*, mais un cœur bleſſé eſt perdu ſans retour ; il hait celui qu'il ne peut pas aſſez *ſouverainement* mépriſer.

Quelques ames d'une trempe particuliere, ſemblent cependant être inacceſſibles à la haine ; à ce mouvement violent & déſordonné, qui *tranche* trop avec la tendreſſe & la douceur : mais il feroit au-deſſus de l'humanité de ne pas éprouver à la vue d'un ennemi, cette ſorte d'indignation qui ſouleve les paſſions, & révolte le ſentiment. Plus on a aimé, plus l'efferveſcence eſt forte ; c'eſt une de ces impreſſions que le diſcours ne rend point.

La haine dont le caractere eſt plus décidé, a été mieux définie ; quelques gens trouvent du plaiſir à la nourrir, à en fomenter les accès. Plus généralement cette paſſion fatigue ; elle uſe le cœur, ſans s'uſer, comme ces grands reſſorts qui meuvent trop précipitamment de petites machines. L'homme qui a paſſé une partie de ſa vie à haïr, ne ſait plus auſſi bien aimer. Rien n'agit ſur lui que par irritation; à la longue, sa sensibilité s'émousse, & son ame repousse les choses faites pour la toucher.

Cet état cruel & malheureux, est le résultat des injustices, des noirceurs ou des mauvais procédés; & les uns comme les autres ne marchent guere sans le *suppôt* de la calomnie. Ce vice odieux (la calomnie) trahit à la fois toutes les vertus, l'honneur & la vérité. Les Femmes ne s'y livrent presque jamais à demi; dès qu'elles ont franchi les premieres bornes, les qualités aimables dont la nature semble les favoriser, se *transforment* en un *levain aigre*, qui fermente sans cesse; & elles ne voyent plus devant elles qu'un champ vaste, qu'elles parcourent sans arrêt & sans frein. Rien n'est si dangereux qu'une telle femme, on est forcé de l'avouer; mais espérons que rien n'est plus rare; nos Eleves douteront sûrement qu'il en puisse exister.

Il y a long-tems qu'occupés de la culture du cœur, nous paroissons abandonner celle de l'esprit. On ne peut crayonner qu'un tableau ; mais heureusement le tems qui fuit, fait trop sentir le prix des tems qui succedent, pour qu'un objet induise à négliger les autres. L'ensemble ne peut naître, que de l'accord des parties. Le cœur s'enrichit des dons de l'esprit ; l'esprit tire sa plus grande force des vertus du cœur ; & l'imagination, cette reine dispensatrice des graces, verse ses bienfaits sur l'un, tandis qu'elle répand des fleurs sur l'autre.

Les Sciences donnent de la solidité, les Belles-Lettres procurent de l'agrément; les ouvrages de goût ornent les idées, & fécondent le sentiment. Il s'agit d'abord de diriger le goût des jeunes personnes ; c'est sur-tout à saisir le bon, à savoir embrasser l'ensemble qu'il convient de les disposer. La *décomposition* ne doit être que le travail, d'une tête mûrie par les réflexions ; souvent elle n'est que le fruit de l'amour-propre, & la *vanité de l'esprit* avance bien moins le goût, qu'elle ne nuit aux jouissances de l'imagination. Beaucoup de gens n'ont que le dangereux talent de la critique; toujours occupés de découvrir un endroit foible, les plus beaux morceaux leur échappent; ils croyent faire honneur à leur discernement, & ils prouvent qu'ils manquent à la fois, de justesse & de sensibilité. La jeunesse, lorsqu'elle lit seule, est sujette à contracter cette habitude, comme un moyen facile de se faire valoir.

Nous avons vu quel parti on peut tirer des ouvrages de Richardson. L'intrigue d'un Roman semble en faire tout l'intérêt, & n'en est presque que l'accessoire. La morale, la diversité des caracteres, la maniere dont ils sont soutenus; voilà ce qui constitue le mérite de ce genre, si multiplié qu'il est tombé en discrédit. Nos Romans anciens étoient plus estimés; on dit que tout s'use, sur-tout en matiere de fiction; mais ne pourroit-on pas plutôt accuser le changement des mœurs? Dans tous les tems, les Romans en ont été la peinture; & quand le sujet cesse d'être agréable, l'art se trouve nécessairement en défaut. Ces ouvrages ont généralement un certain danger pour le cœur, & peut-être un plus grand danger encore pour la tête des jeunes personnes. Rien ne s'étend si loin que le *ridicule du romanesque*, rien ne nuit davantage au bonheur. On prend le sentiment, ou la vertu, pour l'objet de son enthousiasme ; on se crée des modeles, on les cherche, souvent on croit les rencontrer ; & cette chimere après avoir égaré l'imagination, finit par corrompre le cœur. Cependant interdire absolument ces lectures aux jeunes personnes, c'est presque toujours, les leur faire désirer avec plus d'ardeur. Tout à ses inconvéniens : mais je croirois diminuer le danger des Romans par la maniere dont je conduirois mes Eléves à voir, à juger & à sentir. C'est un de ces cas où l'*empire* des sensations, est asservi à celui de *la dextérité*.

Tous les ouvrages tendres plaisent à cet âge, ils trouvent accès dans le cœur, ils émeuvent l'ame, & son équilibre offre une grande prise aux passions ; prévenons-en le choc. Avant de mener une jeune personne aux spectacles, nous avons parlé de la nécessité de lui faire connoître nos meilleurs Théatres ; ici il est question de lui apprendre à juger du mérite & de la composition d'une piéce. Quelquefois le cœur se laisse distraire par l'esprit, & ce préservatif a un double avantage.

Le discernement & le goût, voilà les meilleurs juges. La rhétorique enseigne les régles de l'art. Il n'est pas question d'en faire une étude particuliere, mais je voudrois qu'une jeune personne en sût assez pour distinguer les *genres*, les *nombres* & les *styles*. A cet égard presque toutes les Femmes *font de la prose sans le savoir ;* aussi sentent-elles beaucoup mieux qu'elles ne jugent, & rarement savent-elles détailler les beautés d'un ouvrage d'éloquence. Leur cœur obligé de remplir les fonctions de l'esprit, se fatigue ; insensiblement elles éprouve pour la lecture, ce dégoût dont on ne peut pas se rendre compte; & le vuide que laisse l'oisiveté, se remplit par l'amour des plaisirs, qui nécessitent à leur tour, un vuide bien plus affreux, dans l'âge où rien ne les remplace.

Nous avons de M. l'Abbé le Batteux un Cours de Belles-Lettres, ou Principes de la Littérature, très-propre à perfectionner les connoissances des jeunes personnes, sur tous les différents genres, & à former leur style. De bons modéles & de l'exercice, *amenent* facilement le bon usage. On est beaucoup moins paresseux de faire, ce que l'on fait bien. Les affaires ne languissent point, les devoirs se rendent, & l'amitié se cultive. Ces trois objets exigent trois styles différens. Pour les affaires, il faut de la netteté & de la précision; pour les devoirs, de la noblesse & de la simplicité; pour les lettres d'amitié, du naturel, de la légéreté, de la grace & un peu de gaieté. La douce expression du sentiment, appartient bien plus au cœur qu'à l'esprit.

Le genre épistolaire, dit M. l'Abbé le Batteux, n'est autre chose que le genre oratoire, rabaissé jusqu'au simple entretien.

« Par conséquent il y a autant d'espece de
» lettres qu'il y a de genre d'oraison. —
» On conseille dans une lettre, on dé-
» tourne, on exhorte, on console, on
» demande, on recommande, on réconci-
» lie, on discute; & alors on est dans le
» genre délibératif. — On accuse, on se
» plaint, on menace, on demande que
» les torts soient réparés; c'est le genre
» judiciaire. — On loue, on blâme, on
» raconte, on félicite, on remercie, &c.
» c'est le genre démonstratif. »

On feroit très-bien d'exercer les jeunes personnes sur tous ces genres, de partager avec elles cette occupation, de descendre & de s'élever à tous les rangs en leur écrivant, pour les apprendre à savoir répondre. Leur style communément se ressent de l'embarras & de la gêne. Si elles veulent le limer, il devient précieux. Si elles s'abandonnent, il devient ou diffus ou prolixe. Une aimable négligence, ne naît qu'au *sein* de l'habitude, & de la familiarité. Les Lettres de Mad. de Sévigné, de Mad. de Lambert, & de Mad.

de Maintenon leur ferviront d'exemples ; mais il ne faut pas qu'elles croyent les imiter. Chacun a fon ftyle comme fon imagination ; & le meilleur ftyle eft celui où le caractere fe retrouve, parce qu'il eft le plus naturel. M. de Buffon, dans fon difcours de réception à l'Académie, a réfuté avec jufte raifon cette vieille opinion, qu'il faut écrire comme l'on parle. Quiconque a vu de ces converfations tranfcrites mot à mot, fent combien le ftyle feroit plat : de même, fi l'on parloit comme on écrit, il eft peu de converfations qui ne vifaffent au pédantifme. « Il faut parler comme l'on penfe, & » écrire comme l'on fent, dit notre Au- » teur. Bien écrire, c'eft à la fois bien » voir, bien penfer & bien fentir. »

Quoique les ouvrages d'érudition ou de belle éloquence, foient trop élevés pour prêter des fecours au ftyle familier, ils peuvent faciliter la nobleffe de l'expreffion ; c'eft d'ailleurs une nourriture forte & mâle pour l'efprit. Quelqu'un a défini *l'éloquence, la vérité mife en action par le sentiment :* c'est la seule vraie, le cœur la sent, l'imagination surprise s'en étonne, & toutes les facultés suspendues, semblent se recueillir pour s'élever à l'admiration.

Je reviens à la lecture des pièces dramatiques. Nous devons ce genre à la Grece, le berceau de tous les Arts, les fêtes de Bacchus y donnerent lieu ; Thespis en conçut la premiere idée, Eschyle l'étendit au dialogue. Le drame héroïque prit la place des chœurs, où Thespis avoit introduit un Acteur avec succès ; Sophocle & Euripide, eurent la gloire de le perfectionner : les grandes passions en sont l'objet, le génie les peint, le sentiment réfléchi les met en action, & le but est de nous les faire connoître. Cette courte digression paroîtra sans doute un peu étrangere au sujet. Cependant qu'on ne s'effraye pas, car j'en médite quelques autres ; mais j'espere que les meres sentiront, qu'en plaçant ces digressions à propos, mon objet est de leur épargner des recherches, sur l'origine des choses, dont je suis obligée de parler, & de leur démontrer que l'exposé du caractere distinctif de chaque chose, doit être le préliminaire de toutes les instructions. A l'égard de la Tragédie, par exemple, il est encore essentiel de faire observer aux jeunes personnes, qu'un héros, qu'un traître, qu'un criminel, étant toujours dessinés en grand; les passions qu'on leur suppose, réunissent plus de nuances, de variétés & de mouvemens, que la nature n'en admet dans le caractere d'un seul homme. Mais tantôt entraîné par l'illusion, on considere la passion décrite en elle-même ; tantôt ramené au vrai par le paralelle de soi & des autres, on divise, on subdivise ses effets, & l'on approfondit la cause.

L'amour est la passion qui appartient le plus à l'homme de tous les états, & presque de tous les âges. Nous avons présenté les moyens de s'y soustraire ; nous en avons puisé les motifs dans l'attachement de nos devoirs, ici nous les fortifions philosophiquement, par l'image des désordres inséparables d'une passion, dont l'ivreſſe ſurprend tous les ſens, *emporte l'ame aux plus grands excès*, égare l'eſprit, déregle l'imagination, n'offre au plus fort que des dangers éminents, & au foible qu'une dépravation qui ſouvent l'avilit & le déshonore. Il faut être né vertueux, pour maîtriſer ce penchant lorſqu'on y a cédé ; & ſi malheureuſement l'objet eſt vicieux, on n'a pas trop de toutes les vertus pour échapper au crime.

On ne peut aſſez découvrir aux jeunes perſonnes la profondeur de cet abîme ; ne leur maſquons pas la route qui y conduit ; jonchée de fleurs, embellie par l'eſpérance, frayée par le plaiſir, tout y flatte les ſens, tout y réfléchit les impreſſions du cœur. Ces charmes s'offriront à elles ; ils ſont de nature à être ſentis, & apperçus par tous les êtres ſenſibles ; mais empêchons qu'ils ne les ſéduiſent, & qu'ils ne les trompent. Si l'on ſavoit dépouiller de ſes preſtiges, ce ſentiment auquel on attache une ſi grande idée de bonheur ; on ſeroit bien étonné de trouver l'égoïſme tout pur, à la place du généreux désintéressement dont on le décore : l'amitié l'épure quelquefois, mais c'est lorsqu'elle le domine. L'amour proprement dit est despote & tyrannique. D'abord il demande, bientôt il exige, peu après il ordonne. Le plus tendre subit le joug; c'est ordinairement le sort des Femmes. Douces & sensibles, elles semblent aller au devant de l'esclavage ; mais si par hazard elles s'arrogent l'empire, semblables à l'oiseau qui essaye son vol, à peine connoissent-elles leurs forces, qu'elles se hâtent d'étendre leur pouvoir, & souvent elles en mésusent.

On se trompe en imaginant que l'estime, doive être la base de l'amour. Ce sentiment dans les hommes, est excité par les avantages extérieurs, (très-peu susceptibles d'être estimés) & l'espoir qui l'accompagne, suppose au moins l'idée que l'objet ne sera pas toujours ni aussi respecté, ni aussi respectable. Dans les Femmes, la différence des préjugés, donne une toute autre naissance à l'amour. Il prend un caractere de reconnoissance, envers celui dont

dont elles osent se croire aimées. Leur vanité flattée, fait céder leur raison, à l'impulsion du cœur; & aveugles sur la cause, elles ferment les yeux sur les suites. Aussi arrive-t-il fréquemment, à quiconque n'a pas assez réfléchi, pour analyser les différentes sensations, dont dérive le sentiment, de jurer, non ce qu'il éprouve, mais ce qu'il croit éprouver; & réciproquement, les sermens dépendent de la durée de l'illusion; voilà l'amour ordinaire. Le seul qui se distingue doit tout à l'amitié; il est fondé sur la connoissance intime des qualités de l'ame, des rapports de l'esprit, de l'analogie des caracteres: ces rapports prête de la consistance au sentiment, qui *fonciérement* en a le moins, & l'amour à son tour, enveloppe l'amitié de son enthousiasme. De cet accord naissent les grandes passions. L'estime alors éleve une *barriere* entre la jalousie, mais elle ne l'exclut point; heureux quand une sensiblité délicate en tient lieu, & préserve de ses fureurs.

Cette passion presque inséparable de

Tome I. Q

l'amour, semble être le *contre-poids* de l'attrait qu'il nous présente. Toujours elle balance le bonheur qu'on croit saisir. C'est le *mal moral* qui nuit au plaisir physique ; c'est le *mal physique* qui détruit le bien moral ; sans cesse on les retrouve en opposition. La *jalousie* paroît être plus dans *l'humanité*, qu'elle n'est essentiellement dans la *nature*. Le parallele de l'homme & des animaux (à cet égard) en est la preuve. Pour ceux-ci, la jalousie n'est que le mouvement instantané du besoin; pour nous c'est une maladie permanente de l'esprit, elle tient peu au besoin, très-peu au cœur, & l'on a peine à la rapprocher du sentiment. C'est enfin un de ces maux dûs à l'orgueil, à la vanité, à l'amour-propre. Il n'est pas encore décidé lequel souffre le plus de celui qui l'éprouve, ou de celui qui en supporte les persécutions. On voudroit l'excuser par ce principe modeste, qui induit à douter de son propre mérite, des avantages extérieurs, des agrémens de l'esprit. Les plaintes que produiroient une cause si chere ne feroient que douces & tendres; aifé à raffurer, on n'en paroîtroit que plus heureux, & l'on fe montreroit plus aimable. Un mari retiendroit toujours fa femme par ces chaînes légères; une femme rappelleroit à elle, le mari tenté de les brifer. Mais la jaloufie accélère la perte qu'elle craint; elle réalife même fouvent les fantômes qu'elle fe crée. L'homme furieux fe précipite dans l'abîme qu'il s'eft creufé; la femme plus violente encore, y entraîne, fi elle peut, avec elle, tout ce qui lui porte ombrage (*).

On fe flatte en vain de guérir un carractère jaloux, il eft trop *perfonnel*. Si les

(*) On m'a affuré que je paroiffois admettre une trop grande exclufion entre le vrai fentiment, & la jaloufie, qui en eft la fuite. Je ne dis effectivement qu'un mot de cette tendre inquiétude, peut-être inféparable de ces fortes d'unions. Quoique l'eftime puiffe balancer la jaloufie par une extrême confiance, il eft certain qu'il eft dans la nature de craindre (en dépit de la poffeffion) la perte du bien le plus cher, & qu'un cœur délicat n'eft guere à l'abri de toutes ces alarmes. Mais cette efpèce de jaloufie ne produit que des fenfations mixtes, elle n'a que des effets heureux. Et ce n'eft pas le charme des paffions que je dois peindre, c'eft leur fougue & leurs dangers.

soins, si les attentions semblent le calmer un moment, bientôt il les regarde comme des devoirs. Pressé d'imposer de nouvelles obligations, le moindre refus devient un crime. Il n'y a pas jusqu'aux ménagemens scrupuleux qu'inspire sa foiblesse, qui n'ayent à ses yeux les dehors de la fausseté. En voulant être l'objet de tous les plaisirs, il se rend l'artisan de toutes les peines. Pour mieux *concentrer* les affections, il les remplit d'amertume. Un jaloux de bonne-foi, conviendroit qu'il aime bien mieux voir souffrir pour lui, que d'imaginer qu'un amusement innocent, peut faire diversion aux chagrins qu'il cause. Hé, ce n'est pas là l'orgueil qui veut tout envahir, la vanité qui prétend tout captiver, l'amour de soi qui absorbe toutes sensations relatives? Qu'on y compare donc les autres liens quels qu'ils puissent être. L'ami voudroit épargner une larme à son ami; le père se reprocheroit d'en faire répandre à son fils; la compassion suffit pour chercher à essuyer celles des malheureux : la jalousie seule se plaît dans les tourmens qu'elle multiplie. L'état d'un misérable toucheroit ; celui d'une femme au désespoir, est une jouissance. Seroit-ce à l'amour de fermer le cœur à la pitié ?

A juger froidement de cette espèce de frénésie, on pourroit penser, dit un Auteur moderne, *que la personne qu'on aime le moins, c'est sa maîtresse ;* & il est difficile qu'au bout d'un long terme de souffrance, l'intérêt qu'elle a de le croire, ne parvienne à le lui persuader. La sensibilité *s'irrite* à force d'être exercée ; l'ame paroît d'abord se roidir, puis elle se rebute. Ce qui avoit flatté comme *véhémence* d'une passion extrême, n'est apperçu alors que comme l'insultant calcul du mépris. Rien ne charme plus les peines, tout empoisonne, au contraire, jusqu'à l'image du plaisir ; & il n'y a guere que les ames foibles, qui puissent rester victimes volontaires d'un malheur journalier, dont chaque instant augmente le poids : elles n'aiment plus, elles languissent, sans pouvoir parvenir à s'endurcir.

Telle est la fin cruelle de tant de liaisons, que le devoir condame. Il ne faut pas craindre d'y ramener les regards de la jeunesse. Généralement, on lui montre les passions trop en grand ; c'est un moyen sûr, pour qu'elle se croye toujours à l'abri de leurs écarts. L'exemple de ce Roi, (Philippe II, Roi d'Espagne) qui sacrifia son fils unique, l'adoration de ses Peuples, l'espoir de sa Couronne, à ses jalouses fureurs, est cité par-tout : il révolte, & n'éfraye pas. Les grands crimes semblent être réservés au pouvoir illimité ; ils éclipsent souvent les foiblesses, & l'on ne cherche point à rapprocher de soi, des effets si incompatibles avec l'état privé.

Quelle est la jeune personne qui se supposera susceptible d'ambition, quand on ne lui peindra que celle des Usurpateurs, des Ministres, ou des Généraux ? Cette passion, dira-t-on, n'est guere celle des femmes ; j'en conviens ; rarement peut-elle leur être *personnelle* ; mais elle est relative à leur mari, à leurs enfans, & les effets en sont peut-être plus dangereux. Un ambitieux n'immole que ses vertus. Une femme ambitieuse, a souvent le mépris des choses les plus sacrées, dans le cœur. La persuasion est sur ses levres, elle *entraîne* ou *sacrifie* ceux qui refusent de la seconder.

Si l'ambition n'appartenoit qu'aux Grands, verroit-on tant de gens sortis de la poussiere, parvenus, si ce n'est aux honneurs, du moins aux richesses qui les en rapprochent ? Les places mettent souvent une grande différence, dans la maniere de juger la conduite & les actions. L'homme d'Etat a des vues superbes ; l'homme d'un rang inférieur, en comparaison, n'a que des projets subalternes ; mais les choses qu'il desire, sont peut-être encore beaucoup plus au-dessus de lui, & l'artifice lui est plus nécessaire pour parvenir. L'un est porté par son nom, par le temps, par les événemens ; il a un crédit qu'il convertit en puissance. Tous ces grands ressorts repoussent *l'autre*. Ses ressources sont foibles, ses moyens sont petits, sa marche ne peut être que

Q iv

lente. Il faut que son courage soit excessif. C'est un feu *lent* & *caché*, qui n'éclaire que lui ; tandis que l'illustre ambitieux éblouit, ou écrase ce qui l'entoure. Mais tous deux sont également en proie à la crainte qui les tyrannise, au desir qui les persécute, à l'espoir qui les enhardit ; les trompe souvent, & ne les satisfait jamais.

L'insatiabilité est le propre de l'ambition. Un premier but n'est qu'un premier pas : que de tourmens pour franchir les autres ! que de soins, de peines, de chagrins on essuye ! combien de regrets on se prépare ! L'ambitieux est ennemi juré du repos de l'ame ; les vrais plaisirs sont au-dessous de lui ; s'il les apperçoit, il les dédaigne. Rien ne lui plaît, que ce qui le sert. Rien ne parle à son cœur, qu'en flattant sa passion. Rien ne le distrait, qu'en apparence. Triste jouet des caprices du sort, la fortune le favorise en vain ; l'idole qu'il encense, est toujours entre lui & le bonheur.

On s'oppose quelquefois à la *naissance de l'ambition*, mais on ne la détruit pas :

rien n'arrête ses progrès; s'il sont rapides, elle devient passion exclusive : si des revers la modifient, alors ses esclaves, cherchent une indemnité dans les autres passions, qu'elle *tient* en sous-ordre, & qu'elle sait anéantir au besoin. C'est une eau qui serpente, en attendant que le hazard des circonstances, lui découvre un lit, où elle puisse former un torrent. On connoît rarement cet ambitieux ; il ne se connoît pas lui-même ; ingénieux à se dissimuler ses motifs, il les prend pour une noble émulation, ou pour l'envie de faire le bien ; toujours il se disculpe de l'intérêt personnel. « Lorsque les grands
» hommes se laissent abattre par la lon-
» gueur de leur infortune, (dit M. de la
» Rochefoucault,) ils font voir qu'ils ne
» se soutenoient que par la force de leur
» ambition, & non par celle de leur
» ame, & qu'à une grande vanité près,
» les héros sont comme les autres hom-
» mes ».

Rien de si redoutable qu'un vice, qui avec des racines aussi profondes, fait encore se cacher ; il n'absorbe pas toutes les vertus, mais en est-on moins à plaindre ? Celui qui ne respecte rien, n'est que méprisable. Celui qui sacrifie ses plaisirs & ses volontés, est dupe de ses desirs, *peiné* par ses devoirs, & livré à des combats perpétuels. On n'est jamais si malheureux que lorsque la vertu & les passions, se disputent l'empire du cœur. L'ambitieux n'a que le degré de modestie, qui peut servir de voile à ses desseins. L'ostentation, l'attend au premier signal de la faveur. On s'étonne de ce que presque toujours la fortune, change les mœurs & le caractère ; c'est que la fortune ne vient pas nous chercher, ce sont les passions qui nous portent au devant d'elle. Voyez ce Romain (*) qu'on arrache à la culture de son champ pour le faire Consul, il le quitte à regret. Si l'amour patriotique l'emporte sur son goût, l'amour de la gloire ne le transforme point. Après avoir servi sa patrie, s'être fait admirer & révérer du peuple, il retourne

(*) Quintius Cincinnatus.

à son champ, au mépris des honneurs qu'on lui offre. Mais celui qui recherche les honneurs, ne les abandonne point ; il ne pense pas les desirer pour en faire trophée, trop occupé des moyens, il n'apperçoit que de loin la possession ; & à peine y touche-t-il qu'elle l'enivre. Ce n'est qu'après un long espace de tems, qu'il compare ce qu'il a été, avec ce qu'il est ; alors l'habitude est prise, & l'on ne rétrograde point, sans y être forcé.

Un des plus violents tourments de l'ambitieux est l'envie : passion sourde pour qui tout est peine, sans indemnité aucune. On ne l'avoue jamais cette passion honteuse ; rarement elle se montre ; toujours elle se fait sentir, sans que rien la satisfasse. Il ne peut exister de bonheur, ni réel, ni imaginaire, pour celui que le bonheur des autres *déchire*. S'il est sans ambition, il n'en est que plus vil. Mais combien d'envieux ignorés ! L'orgueil est pour l'envie, ce qu'est le vent qui soufle le feu & emporte la fumée ; il l'excite, puis il s'efforce d'en dissimuler les effets.

Il est ainsi beaucoup de passions, dont la vanité & l'orgueil sont le principe ; on en connoît peu auxquelles l'un & l'autre ne se joignent. Ce sont des *teintes* qui se fondent pour donner plus de *ton aux couleurs* : mais examinons-les séparément.

La vanité tient de l'amour-propre, elle fatigue plus encore qu'elle n'offense, & elle se blesse facilement. Les hommes vains se voyent dans tous les objets qui les environnent ; où ils croyent se retrouver, où ils se comparent. Tout ce qui leur appartient s'embellit. Ils ne louent que pour être loués, & il est aisé d'appercevoir qu'ils n'estiment qu'eux. Mais ils se persuadent qu'ils étendent leurs plaisirs, lors même qu'ils les *resserrent*, en ne partageant ceux de personne. L'ostentation est la jouissance de la vanité, elles marchent toujours de pair, quand la fortune les seconde. Ce sont deux amies, qui tantôt conseillent, tantôt exécutent, s'égarent & s'aveuglent réciproquement. Les conséquences en sont plus étendues qu'elles ne le paroissent ; le ridicule est certain, la ruine des maisons presque sûre, & la chûte ne peut manquer d'être affreuse. C'est alors que le plus grand des malheurs se fait sentir, celui de n'avoir point d'amis, parce que la vanité ne sait jamais s'en faire ; & que l'ostentation n'admet que des liaisons faites pour décorer son triomphe.

L'orgueil se *sépare* de la vanité, pour jouer un plus grand rôle. L'orgueilleux ne s'abaisse pas à la comparaison ; son regard peint ou le desir de terrasser, ou la rebutante affectation du dédain. Il se métamorphose, il se montre sous plusieurs formes, mais jamais il ne s'humanise. On le flatte sans l'adoucir, on le mortifie sans le réprimer. A ce défaut, se joint la fierté qui le *démasque* ; la hauteur qui le fait haïr ; & l'opiniâtreté qui le rend insupportable : celle-ci enfante la dispute, & la dispute d'un orgueilleux est toujours aigre. Ses avis sont des reproches, ses conseils sont des blâmes ; nécessairement il est dur, & difficile à vivre. Ce vice semble appartenir à l'esprit faux, qui pour trop agrandir ses calculs, perd de vue le *point central* de toutes les distances, & ne sait plus rien mesurer.

C'est en analysant les passions, qu'on voit combien elles nous éloignent du bonheur. Une jeune personne à qui on découvrira tous les maux qu'elles nous causent, sentira quel intérêt elle a de les fuir. Mais il est souvent des passions qui s'insinuent dans le cœur, & qui s'emparent de l'imagination, avant qu'on ait appris à les distinguer. Long-tems encore on les nourrit sans les connoître. Si quelques événemens viennent en déployer les ressorts, les yeux s'ouvrent enfin, mais beaucoup trop tard ; & le courage se refuse à la volonté de les détruire.

Il nous reste à considérer l'avarice, ce *bizare assemblage* de privations multipliées, qui procurent, dit-on, une jouissance continuelle. Rien ne prouve peut-être mieux combien le bonheur est arbitraire, & avec quel empire les erreurs de l'imagination, déterminent les plus vives affections de l'ame. Le prodigue desire l'or pour le répandre ; l'avare fe prive du néceffaire pour l'amaffer. L'un n'en connoît pas le prix ; l'autre le juge ineftimable. Tous deux mettent leur félicité dans le même objet, & *s'éloignent* toujours du but par les *extrêmes*. Triftes effets de l'illufion qui transforme tout à nos yeux ! La prévoyance des befoins à venir, femble éteindre les befoins préfents. L'amour de la profufion, empêche de prévoir les befoins à venir. Jamais la *fatiété* ne parvient à y *oppofer* le dégoût : jamais le *contentement* ne trouve fa place.

Un avare ne fait qu'effayer de fe fatisfaire, en calculant fon tréfor ; il s'afflige dès qu'il ceffe de compter. Mille frayeurs l'agitent ; de nouveaux defirs le dévorent. Mais toutes ces peines fe changent pour lui en plaifir : au moins paroît-il certain qu'il n'a pas de plus grandes jouiffances. Son cœur endurci, ne lui laiffe pas même l'idée du fentiment. Son efprit rétréci, n'admet aucune diftraction. L'infenfibilité de fon ame, le rend fourd aux plaintes des malheureux ; & parvenu à repouffer toutes les vertus, il finit ordinairement par n'en avoir aucune. Mais auſſi plus il iſole ſon être, moins il trouble la ſociété : à cet égard un diſſipateur cauſe bien plus de déſordre qu'un avare.

Cette étrange paſſion paroît ne tenir qu'à elle-même ; ſouvent elle écarte toutes les autres : remplie d'effets contraires, elle en produit de très-ſinguliers. Lorſqu'on la voit d'aſſez près pour en ſouffrir, l'exemple eſt un antidote ſûr. Mais ſi avec une aiſance indépendante, on vit habituellement au ſein de l'avarice, ſa contagion fait des progrès ſi inſenſibles, qu'à peine s'apperçoivent-ils. Voilà comme la jeuneſſe paroît rarement avare, & comme elle le devient. Il ne ſuffit pas de lui montrer ce vice haïſſable, il faut encore lui faire ſentir tout le mépris qu'il entraîne, par l'excluſion des ſentimens & des vertus.

L'intérêt eſt quelquefois un diminutif de l'avarice, & un défaut bien plus commun ; la plus légere circonſtance le trahit. Communément les gens intéreſſés ont

l'eſprit

l'esprit étroit & défiant. Sans cesse en garde contre la mauvaise foi des autres, ils se montrent minutieux dans les grandes affaires, & difficultueux sur les moindres objets. On les trompe encore plus aisément qu'on ne les persuade. Lorsque par hazard ils veulent être généreux, c'est un effort magnifique, toujours marqué au coin de la *gaucherie*. L'amour-propre les avertit bien de cacher le *vice*, mais celui-ci n'abandonne jamais qu'une partie de ses droits ; on voit la lézine à côté de la profusion. Par-tout le caractère se retrouve ; ce sont les actions qui le décelent, car le discours n'en impose plus. On sait que tel qui vante le désintéressement, échoue souvent à la moindre épreuve, qu'il y sacrifie l'ami ou le parent le plus cher.

Dans tous les tems l'intérêt a désuni les familles & divisé les hommes : on ne sauroit trop s'opposer à ce défaut : une extrême justice, peut lui fermer l'entrée du cœur ; ou, s'il l'atteint, empêcher qu'il ne nous aveugle. Il y auroit de la foiblesse à abandonner ce qui nous appartient; parce qu'on le difpute ; & quelquefois il eft miférable de ne pas favoir le céder. Les occurrences feules, décident de la *petiteſſe* ou de la *générofité*; mais une mere ne doit pas dédaigner ni d'en donner des exemples, ni de faire naître les applications. Ce font ces derniers foins qui mettent le *dernier poli* au caractère, qui affermiffent l'ame, & donnent du corps aux idées. Une femme femble deftinée à porter la paix dans fa famille, & dans celle de fon mari ; fi on ne lui forme pas l'efprit à la pacification, dont le défintéreffement eft la premiere branche, elle y fouflera la difcorde.

L'intervalle qui fe trouve entre *l'intérêt* & la *générofité*, en fait prefque une vertu, quand on les met en oppofition ; néanmoins la générofité n'eft qu'une *qualité*: elle ne confifte pas à donner beaucoup, mais à donner bien, & à donner à propos. La fortune doit régler la volonté, & le difcernement en déterminer l'effet. Tel qui affifte le premier venu, très-fouvent n'eft plus en état de fecourir fon parent;

son ami, ses connoissances, ou ses malheureux vassaux. Je sais que l'un porte au loin notre bienfait, qu'il ajoute à notre réputation : ceci est pour l'amour-propre : mais les autres nous font jouir tous les jours, par le soulagement ignoré qu'ils éprouvent ; & c'est un bien réel pour le cœur. Cette distinction méritera sûrement de la part de nos éleves, le sceau de la préférence.

Il est une autre sorte de générosité qui ne consiste que dans les procédés ; la délicatesse en est la loi, & on ne doit pas craindre de l'étendre : elle nous mérite des égards, elle nous conserve des amis ; quelquefois même, elle nous en acquiert, & toujours elle nous venge honnêtement de ces petits ennemis, à qui elle ne laisse que la confusion, inséparable d'une méchanceté infructueuse. Ce seroit une vaine ostentation, que de rechercher les moyens d'obliger, quiconque nous a manqué essentiellement ; mais il est grand & noble, de ne s'y pas refuser dans l'occasion. Je ne sais qui a dit *qu'il n'y avoit que le plaisir de faire le bien, qui pût égaler celui de l'avoir fait.* Cette maxime d'une ame honnête, est applicable à ce sujet.

On distingue aussi de l'intérêt sordide *décrit* plus haut, l'intérêt personnel, source intarissable de mouvemens secrets, qui peuvent dégrader les meilleures actions : c'est une corde délicate, dont la vibration se prolonge jusqu'à l'ame, & il est difficile de nier que toutes nos facultés ne soient mues par elle. Personne ne s'est encore détaché de ce moi, tant approfondi, parce qu'on ne sépare point l'homme de l'humanité. Dès que cet amour de soi est reconnu commun à tous, il n'est humiliant pour aucun ; on l'attaque inutilement. Le but doit être de s'appliquer à le modifier : abandonné à lui-même, il peut devenir monstrueux, transformer toutes les vertus en vices, anéantir tout sentiment, & conduire aux plus grands crimes. Cromwel en est un exemple. Il n'étoit pas dépourvu d'excellentes qualités, comme le remarque très-bien M. de la Rochefoucault. *Il avoit du zèle pour sa religion, de la valeur, de la prudence, il aimoit le peuple, il obſervoit la juſtice*; mais tout cela fut ſubordonné à ſon intérêt.

Sans remonter aux grands excès, on voit à tout inſtant, dans la ſociété, combien ce défaut y domine; combien il révolte, & à quel point il aveugle. Feindre d'avoir des amis, parce qu'on en a beſoin; obliger uniquement ceux qui peuvent nous ſervir; prêter ſon crédit au ſoutien d'une injuſtice, qui nous eſt utile; ne remplir que les devoirs qui ſurprennent l'eſtime, & attirent la conſidération; mépriſer intérieurement toutes les vertus, y ſubſtituer le reſpect humain, qui trop ſouvent les remplace; tels ſont les effets multipliés de ce qu'on nomme *intérêt perſonnel*; caractère malheureux, même par ſes plaiſirs, car la conſcience les lui reproche, & c'eſt un témoin que l'homme ne ſauroit ſuborner.

Cet intérêt eſt le grand mobile, & le reſſort de toutes les grandes paſſions, que la Tragédie nous peint; on le trouve encore dans les ridicules, que la Comédie joue. Ariſtote a défini le ridicule, *tout défaut qui cauſe difformité ſans douleur, & qui ne menace perſonne de deſtruction.* La difformité des mœurs, préſentée ſous des faces ridicules, forme l'objet de la Comédie; elle fut imaginée la derniere. Un Poëme d'Homere (*) en donna l'idée (**): le génie ne fit pas d'abord un grand effort; l'action fut calquée d'après nature ſur les hommes même; on prit leur maſque, & leur vêtement. Ariſtophane joua ainſi Socrate dans ſes nuées. Le caractère méchant & ſatyrique de cet Auteur, décida peut-être de la premiere forme de ce genre; elle étoit faite pour plaire à un peuple inſolent & léger, tel que celui d'Athènes. *Eupolis* & *Cratin*, furent les émules d'Ariſtophane; les Dieux,

(*) Le Margiſtes, où étoit repréſenté un homme fainéant, qui n'étoit bon à rien.

(**) Nous ne répéterons pas ici ce que nous avons déjà dit, pour juſtifier notre intention, en parlant de l'origine de la Tragédie. Nous eſpérons qu'on nous rend trop de juſtice, pour préſumer que nous attachions nul mérite à montrer une érudition, qui n'auroit pas quelque objet d'utilité.

les Philosophes, les Magistrats, tout fut mis en scène, pour y offrir l'image du ridicule. On remarque à ce sujet encore une preuve frappante, de cet *intérêt personnel* dont nous parlions. Les Magistrats ne s'apperçurent de la licence, & ne songerent à la réprimer, qu'au moment où elle les attaqua directement. Alors elle leur parut extrême, & ils défendirent par une loi expresse, de jouer *aucun homme connu*. La malignité féconde en ressources, employa des noms supposés, & fournit à l'esprit par des ressemblances parlantes, le plaisir des applications. Une nouvelle loi, interdit encore ces nouveaux moyens ; elle proscrivit du théâtre *toutes les aventures réelles*; & la Comédie devint un sujet agréablement varié, par des plaisanteries qui ne blessent personne, & des vérités qui instruisent tout le monde.

Diphile & Ménandre, furent parmi les Poëtes Grecs, ce que Plaute & Térence, devinrent parmi les Latins; ils se distinguerent dans le vrai genre comique, & le porterent à son point de perfection pour leur siecle. Avant Andronicus (Grec de naissance) les Romains n'avoient fait que de vaines tentatives ; ce fut lui qui leur donna les premieres leçons, *d'après* la Comédie d'Athènes ; mais leur goût dominant pour la guerre, nuisit encore longtems à des progrès, qu'on observe n'être jamais dus, dans aucuns genres, qu'à des mœurs plus douces & plus policées. Ce ne sont pas les mœurs qui créent le génie ; mais elles déterminent toujours sa marche.

Je voudrois, pour rendre ces différentes nuances, plus sensibles aux jeunes personnes, leur faire rapprocher les Poëtes anciens, des modernes. Quelque extrait des Comédies de Plaute, leur dévoileroit toute la gaiété du comique de ce tems ; le naturel du style, la hardiesse du pinceau, la finesse des traits qui font ressortir le caractère. Cela exige du choix. Les pieces de Plaute, se ressentent de la rusticité du siecle qui l'avoit précédé. Elles sont souvent libres, & remplies de jeux de mots. Horace s'en plaignoit. Térence fut plus décent. Ses ouvrages renferment plus d'élocutions, de graces & de délicatesse; mais César lui reprochoit de n'avoir point le caractère comique, & son caractère se peint presque par-tout. De son tems, peut-être encore plus que du nôtre, un ouvrage étoit le miroir de l'ame; aujourd'hui l'habitude de feindre dans le discours, gagne jusqu'aux écrits.

Le grand art d'amuser en instruisant, réside dans le talent de saisir les objets de comparaison. On juge de l'esprit des autres; on jouit du plaisir d'exercer le sien. Les idées s'étendent, elles servent de *magasins aux pensées*, & celles-ci amenent le goût de la réflexion. L'âge nous permet bien enfin de nous laisser fixer par la nature, & de lire attentivement le meilleur cours d'histoire naturelle. Tant qu'on n'est pressé que par la curiosité, l'imagination s'arrête au simple exposé des causes physiques; mais l'*ensemble* ne peut être apperçu que par la raison; il faut que cet *ensemble* la frappe d'étonnement, long-tems avant qu'elle l'embrasse.

Ce mot, *nature*, ne se *comprend* pas comme *cause* ; il se *généralise* à l'infini comme *effet*, & ne s'explique guere mieux. On est obligé de s'en tenir au sens qu'il nous présente ; sens indéterminé, & plus étendu que notre intelligence ne le comporte. Il éleve nécessairement nos idées, jusqu'au souverain Auteur de toutes choses. Du centre de la terre, nos regards osent se promener dans les spheres éloignées ; la nôtre alors n'est plus qu'un point. Le système du monde occupe délicieusement. L'homme se flatte toujours d'étendre ses connoissances, mais la diversité des opinions, confond bientôt son orgueil ; il n'examine plus qu'en craignant de prendre l'ombre pour la réalité. Un nombre d'observations vérifiées par des calculs, lui découvrent des à-peu-près plus vraisemblables que certains ; il admire l'Ouvrier, & parvient à se persuader qu'il ne concevra jamais l'ouvrage. En se repliant sur lui-même, l'homme pense pénétrer beaucoup plus avant. Les entrailles de la terre s'ouvrent à ses yeux : ici la vérité est appuyée sur des faits, mais ces faits ne sont encore que des effets. Le comment & le pourquoi, échappent sans cesse. Il examine le regne minéral, source inépuisable de ce que l'illusion nous fait appeler *trésor*. De toutes les matieres il trouve que l'or est la plus brute, la plus *inhabile* à la *réproduction*. Cette loi générale de la nature à laquelle les métaux font exception, a décidé sans doute de la valeur que l'opinion leur donne. L'homme toujours ingénieux à multiplier ses besoins, use plus qu'il ne jouit de ce qui se renouvelle. Les choses rares captivent son estime, il ne s'attache qu'à ce qui peut lui manquer, ou aux choses qu'il se procure difficilement. Le sage, dit-on, méprise ce métal précieux foulé aux pieds par les animaux, inconnu de beaucoup d'autres êtres, & qui n'a de prix que par l'industrie & la cupidité. Mais quel est ce sage au-dessus de la *dépendance commune ? celui en qui la nécessité n'éveille point le désir*. On prend souvent la modération pour le mépris, & la modération est assez rare, pour la considérer comme sagesse.

Le tems convertit quelquefois les erreurs de l'esprit humain en affection, & l'affection générale, est une loi à laquelle tous les raisonnemens sont soumis. Ceux qui y dérogent, dans leurs discours, ne portent atteinte ni au goût ni à l'opinion reçue; & toujours ils exposent *la jeunesse* à se tromper. Donnons-lui les erreurs, pour des erreurs; les opinions, pour des opinions; les besoins (que les unes & les autres ont rendu presque instants) pour ce qu'ils sont; & accoutumons-*la*, à chercher le rapport que toutes les choses peuvent avoir entre-elles.

Entre l'homme & la nature, il n'y a presque rien que la physique ne lie à la raison : les objets qui lui sont étrangers le menacent de destruction, & il les craint. La plupart de ceux qui l'environnent lui sont utiles, & il les aime; ceux même qu'il ne peut qu'admirer, l'intéressent. Il n'y a pas jusqu'à ces volcans, *ces belles horreurs de l'Etna, du Vésuve*, &c. qui n'attirent son attention. Il y découvre la cause des tremblemens de terre qui désolent certains cantons, & celle d'une partie des révolutions souterraines. Il voit le principe de l'inflammation, dans les matieres sulfureuses, qui se trouvent réunies, & mises en fermentation par l'air & l'humidité. Il voit la cause de l'explosion, dans la force de l'action du feu & dans ces mugissemens, *objets* de tant de superstition, il reconnoît l'effet de l'air raréfié par la chaleur, poussé au dehors avec violence, & pressé par les *bornes de l'espace*. Chaque pas qu'il fait, porte donc un nouveau rayon de lumiere à son intelligence.

Combien les végétaux ne lui offrent-ils pas à méditer? *Ce regne* qui occupe généralement la surface de la terre, le dispute, si ce n'est en diversité, au moins en multiplication à tous les individus. Le germe, le développement, l'accroissement des moindres plantes, est une opération que l'œil le plus attentif ne peut suivre, que rien ne peut imiter;

mais qui montre par-tout la main du maître ; l'ordre que l'homme ne peut intervertir, fans détruire au lieu de créer. A l'aide des obfervations, il en tire des régles sûres pour augmenter fes connoiffances, pour varier fes plaifirs, & pour rendre fes plaifirs utiles par l'art de la culture, qui fait la feule vraie richeffe des Etats & des particuliers.

Les animaux préfentent un nouveau fpectacle. Leurs différens genres, leur multiplicité, leurs habitudes, leur forte d'éducation, la maniere dont ils fe nourriffent, tout forme tableau : l'inftinct qu'ils poffedent précifément dans le degré néceffaire, & qui femble être pour chaque efpece *au-deffus de toutes altérations*, eft fouvent la honte de notre raifon. Cependant l'homme fe regarde comme le roi des animaux, tandis qu'il n'eft que leur tyran : mais parce qu'il a fu étendre fa propriété fort au-delà du befoin, il ofe dire. « Tout eft fait pour moi. L'air que » je refpire eft chargé de petits animaux » qui me le rendent plus falubre, puifqu'ils

»ne nuisent pas à ma santé. Ceux qui
»m'importunent, en nourrissent d'autres.
»Quelques-uns me labourent la terre,
»& me la renouvellent. La terre fournit
»à tous, mais ils me restituent ce qu'ils
»lui ont pris, en me nourrissant à leur
»tour, ou en servant à mes besoins,
»même à mes fantaisies. Le plus fort dé-
»truit le plus foible, dont la trop grande
»multitude m'embarrasseroit. Ceux qui
»pourroient me dévorer je les surprends,
»je les préviens, & leur peau sert à me
»vêtir. D'autres me fournissent des re-
»medes salutaires. Il n'est même pas un de
»mes sens qu'ils ne contribuent à flatter.
»Leur chant dissipe ma mélancolie,
»ou me ramène à une rêverie aussi douce,
»que le murmure des eaux qui les excite.
»Si je ne les assujettis pas tous, au moins
»je les troubles quand il me plaît. Tout
»*ici bas se rapporte* donc, à mes plaisirs
»& à mes volontés. Je suis le premier
»objet du créateur. Il ne m'a formé le
»dernier, que pour m'assurer d'abord la
»jouissance. Puis il leve les yeux, & dit,

» voici l'aftre qui m'éclaire, qui donne la
» vie & la fécondité à toute la nature.
» Un autre aftre réfléchit encore fes rayons
» pendant la nuit, pour faciliter mes tra-
» vaux. Les étoiles décorent le firmament:
» tout l'univers s'embellit pour me plai-
» re. Les poles dirigent mes pas aux extré-
» mités du monde. Deffous mes pieds eft
» cette pierre *précieufe*, dont la vertu
» attractive renferme une analogie, con-
» ferve une direction, qui ne me trompa
» jamais : avec l'aiman je brave l'empire
» des mers : fi les dangers me menacent,
» je les évite. Par-tout je fubjugue, j'affu-
» jettis, & je regne. Qui pourroit me
» prouver que tout n'eft pas fait pour moi ? »

Le fentiment de ta foibleffe, homme orgueilleux ; celui de ton ignorance ; la quantité de chofes que tu apperçois au-deffus de toi, fans pouvoir préfumer qu'elles te foient utiles ; celles qui te détruifent, fans que tu puiffe t'y oppofer ; & cette extrême difproportion entre ces *mondes folaires* que tu *t'approprie*, & la miférable planete avec laquelle tu tourne

fans

sans t'en appercevoir. Si ce *globe brûlant & fixe* t'éclaire alternativement, c'est le mouvement *diurne* de la terre sur son *axe*, qui recherche ses rayons; & ta plus grande gloire, est de faire partie de l'harmonie générale du tout.

Quel empire as-tu sur ce ver qui naît, sans que tu sache comment, au sein de tes entrailles, qui y croît pour te faire souffrir, & qui n'y peut rester sans troubler ton repos? Es-tu le maître de l'anéantir quand tu veux? Quelle supériorité si grande as-tu sur ces animaux, dont la morsure glisse le poison dans les veines? Le scorpion porte, il est vrai, le remede avec le venin; mais c'est une prévoyance du Créateur, plutôt qu'une intention; s'il n'eût eu que toi pour objet & pour fin, il n'auroit rien créé, qui pût tendre à ta destruction; & cet insecte, la Tarentule * qui d'une seule piquure, trouble toute l'économie animale de ton corps, bouleverse

(*) On doit cependant observer, en dépit de tout ce qui a été écrit sur la Tarentule, que l'Histoire de cet insecte paroît très-fabuleuse.

Tome I. S

ta raifon, engourdit tes efprits, ne te laiffe pas même une portion d'inftinct égale à celle de fon frêle individu, quel pouvoir as-tu fur elle ? tu l'écrafes, mais tu ne la vois pas toujours ; & quand elle ne te nuit pas, quel bien, quel plaifir peut-elle te procurer ?

On fe retranche, je le fais, fur les utilités encore ignorées, fur les découvertes à faire. Eh, pourquoi toujours entretenir les erreurs de la vanité ! L'exiftance eft réelle ; voilà *le certain*. Le principe eft impénétrable ; *voilà le vrai*. N'apprenons rien de plus à nos Eleves ; qu'elles aient affez de philofophie, pour fe renfermer dans les bornes étroites, des vérités connues ; qu'elles fachent fe refufer à ces prétendues lumieres, qui plongent fans ceffe l'efprit, dans le matérialifme ; qu'elles admirent cette belle gradation, qui eft *le plus fublime œuvre* de tout l'univers ; & qu'elles fe pénétrent de la grandeur fuprême, de celui, qui en prefcrit la durée.

La dernière des productions de la terre,

se rapproche de la matiere, qui lui fournit ses sucs nourriciers. Le polype, ne laisse qu'un intervalle imperceptible, entre les végétaux & les animaux : & *l'intelligence* surprenante du premier des animaux, quelle distance laisse-t-elle, entre l'animal & l'homme ? C'est en rapprochant ainsi les parties du tout, en considérant l'ensemble, qu'on s'étonne que les Philosophes *puissent attribuer un si bel ouvrage au hazard* ; mot vuide de sens, sans doute, puisqu'il ne peut y avoir d'effet sans cause, & que de la maniere dont on l'entend, le hazard n'est rien que le coup de dez, qui amene quatre plutôt que six. Mais l'homme s'est fait un langage pour rendre ses pensées ; puis il s'est encore créé des mots particuliers, pour suppléer à ce qu'il ne pouvoit rendre. Insensiblement la signification de ses mots, s'est étendue par la paresse de réfléchir ; & l'on croit aujourd'hui exprimer nettement, ce que l'on ne comprend pas, par l'énigme *du hazard* ; c'est la solution sans réplique. Qu'on définisse donc, ce que c'est que le hazard (*) !

Si la nature, est un myſtere pour moi dans ſon principe, du moins je ſuis ſa marche, je juge ſes effets ; j'admire cette ſuperbe ordonnance que tous les reſſorts de l'intelligence humaine, n'auroient pu ni créer, ni maintenir. Je découvre des choſes qui parlent à mon eſprit, & mon cœur ſe ſatisfait, en en rapportant toute la gloire, à un être qui m'eſt ſi ſupérieur, que je n'oſe eſſayer de le comparer à rien de ce que je puis connoître. Mais parce que je ne le conçois pas (cet être) qu'on me dréſente l'idée informe d'une matiere, qui s'eſt développée d'elle-même, qui s'eſt diviſée pour ſe reproduire, ſous mille formes différentes, avec des nuances ſi bien graduées, ſi bien ſoutenues, que de l'in-

(*) Tout ce qui regarde ici le danger des ſyſtêmes, la métaphyſique & la phyſique, a été écrit dans un tems, où l'on ne ſongeoit pas encore, à entreprendre un cours d'inſtruction. Peut-être à préſent, ces morceaux pourroient-ils être abrégés ou retranchés. Mais on les laiſſe par égard pour les perſonnes, qui ne ſe ſoucieront pas, de la ſuite de cet Ouvrage.

finiment petit, on arrive fans *nul efpace intermédiaire* à l'infiniment grand, je ne conçois pas mieux cette opération, elle *m'embarraffe* même davantage ; ou il faudroit que cette matiere fût Dieu.

Combien de raifonnemens abfurdes, l'orgueil fuggere à l'homme ! Sauvons-en nos Eleves; c'eft le moment ; car plus on étudie la nature, plus on cherche à l'approfondir ; & des premieres chimeres qu'on fe forge, naiffent, dans la fuite ces incertitudes, qui ouvrent une carrière fi vafte, aux combats de l'efprit, & finiffent par troubler le repos.

L'homme le moins ftudieux, ne réfléchit pas long-tems, fans fe créer un fyftême particulier, fur la formation du monde qu'il habite ; même fur ce qui conftitue l'univers. Ne pouvant s'élever jufqu'au Créateur, il le rabaiffe jufqu'à lui ; il décide de fes vues, & de fes volontés : il ne le peut, fans le méconnoître ; mais révolté de fe trouver arrêté à chaque pas, fur le principe, la caufe, le commencement & la fin ; il ofe réduire en définitions souvent inintelligibles, tout ce qui surpasse ses sens : les mots deviennent pour lui des choses ; la vanité les lui montre évidentes, & il *s'empresse* d'égarer les autres avec lui.

Les Femmes, qui n'ont jamais qu'un savoir superficiel, & qui n'aiment pas à se donner la peine d'approfondir, adoptent avidement un système nouveau, jusqu'à ce qu'un autre système, vienne effacer en elles, l'impression du premier : enfin elles arrivent *au doute*, & leur imagination fatiguée, d'errer ainsi successivement, les réduit à ne rien croire. Voilà le danger des demi-études. Il seroit bien plus sage, de former d'abord les jeunes personnes, à séparer les choses *sensibles*, qui méritent leurs réflexions, de ces grands objets sur lesquelles, l'esprit s'épuise en vaines recherches : elles s'accoutumeroient à rejetter toute idée d'une métaphysique abstraite, faite pour user la raison, & qui ne peut nous mener plus loin, que *le terme moyen du possible* : or le *possible* à nos yeux est toujours fini ; & l'infini ne sera jamais du ressort, de notre foible intelligence. Il y a plus de sagesse, de philosophie, même d'esprit & de science qu'on ne croit, à savoir assez respecter, tout ce qui est incompréhensible, pour n'y penser qu'en se disant. « *J'ai ordre de n'y jamais* » *réfléchir* ». Quel est cet ordre demandera-t-on ? L'impossibilité d'approfondir ces mysteres le renferme, comme une volonté absolue du Créateur.

Mais l'homme veut tout connoître, & il ne se connoît pas lui même. Ses sens sont en lui, & le portent continuellement hors de lui ; ils s'exercent sur les objets extérieurs, indépendamment de sa volonté ; & quoique sa volonté puisse les diriger quelquefois, rarement elle ramene ses regards sur *l'effet* de ses sens, la source de toutes ses connoissances. Il ne sent le prix de ce qu'il possede, que par la perte. Sa jouissance la plus réelle, est dans le désir ; celle que devroit lui procurer le sentiment de son existence, semble n'être rien pour lui. Habitué à se mouvoir, à toucher, à sentir, à entendre, à voir ; il ne se rend compte, d'aucune de ces impressions. Il se laisse plutôt entraîner machinalement qu'il n'agit, & l'amour de sa conservation n'est qu'un instinct.

Quelle plus belle étude, cependant pour l'homme, que celle de l'homme ! Quelle construction plus merveilleuse, que celle de ses organes ! En est-il qui doive l'intéresser davantage ? C'est-là que tout se correspond, & paroît disposé exprès, pour concourir à ses plaisirs, pour assurer son bonheur ! (J'entends parler de l'homme sage & bien constitué), tous ses sens se prêtent des secours mutuels. Le toucher, rectifie la vue; la vue, embellit le toucher, elle *favorise* quelquefois l'entendement. L'ouie excite le désir de voir; & l'odorat avertit souvent le palais, des méprises des autres sens : il n'y en a point qui ne renferment un plaisir utile, comme il n'y a point de besoin, qui ne soit agréable à satisfaire. Juste balance, qui tient l'assujétissement en équilibre, de crainte que la paresse ne nous induise, à négliger le nécessaire !

C'est en admirant, en examinant l'usage des sens, qu'on apprend combien ils peuvent nous tromper, s'ils ne sont *secondés* par le raisonnement & l'expérience. On n'accuse guere que celui de la vue, d'être *susceptible* de beaucoup de méprises: il me semble que l'ouie a aussi les siennes. Si l'on est sujet aux illusions de la distance, à celles de l'obscurité ; si la maniere dont on est affecté, décide souvent, de notre maniere d'apperçevoir ; les mêmes causes influent, en même proportion, sur la maniere d'entendre. L'harmonie de la musique reste encore long-tems dans les oreilles, après que le bruit est cessé, & il est de prétendus bruits, que l'on ne croit distinguer, que parce que le cœur les prévoit, les craint ou les désire.

Le goût & l'odorat, souvent, ne nous trompent que moralement, mais ils nous trompent encore. Nous soutenons bon ou mauvais, ce qui les flatte, ou ce qui les blesse ; nous ne concevons pas que les autres, puissent sentir différemment, quoiqu'il n'y ait rien de si commun, &

que le goût particulier, ne décide jamais qu'arbitrairement, de la bonté d'une chose. Il est important de faire remarquer à la jeunesse, toutes ces petites erreurs; elles conduisent quelquefois à l'opiniâtreté. Il est très-permis de tenir à son sentiment, mais il ne l'est pas de fronder, celui de personne.

L'histoire naturelle, contient nécessairement une description anatomique du corps humain; cette partie fort intéressante en elle-même, ne paroît pas convenir à une imagination neuve & active; mais peut-être une légere théorie sur les principaux visceres, sur l'espace qu'ils occupent, & les fonctions auxquelles ils sont destinés, n'est-elle qu'utile? On s'exprime mieux & plus clairement, sur les douleurs que l'on éprouve. A cet égard, je ne vois d'autre danger que celui d'abandonner le livre, ou de laisser deviner qu'il ne peut être lu tout entier; deux choses que je voudrois éviter. Ces jeunes personnes ont d'ailleurs tant encore à apprendre! Combien d'espèces d'hommes, combien de mœurs, d'usages, & de préjugés différents à examiner ! Les fleuves, les mers ; ces mondes liquides, aussi peuplés que la terre, fertiles en productions diverses, *sujets* à des phénomènes qui parurent si inexplicables à Aristote, & qui ont fourni à Newton un si beau système, fixeront long-tems leur attention. Les météores & les élémens, méritent aussi de la partager : leur principe mouvant, l'action qu'ils ont les uns sur les autres ; ce feu élémentaire qu'on n'explique point, & qui anime toute la nature ; l'air, ce corps fluide, l'ame du tout, & sur lequel on a fait tant d'expériences, les méneront jusqu'à la physique expérimentale : un cours succint & bien écrit, ne peut manquer d'avoir de l'attrait pour cet âge.

C'est-là, que l'on voit en détail, le travail de l'esprit humain. Tous les à-peuprès qu'il a fallu supposer, pour arriver à la vérité, & combien de vérités ont été reconnues par méprise. Cette pierre philosophale toujours introuvable, que de belles découvertes n'a-t-elle pas fait faire ? On en doit auſſi beaucoup à des hazards heureux ; quelques-unes des plus utiles à des Bergers fainéants. Quoi de plus propre à confondre la vanité de l'homme ? Il ſemble que la nature ſe joue de ſes recherches, & qu'elle ne lui dévoile ſes ſecrets, qu'à meſure qu'elle ſe laſſe de les renfermer ; mais au moment où ils lui échappent, quelle induſtrie les met en valeur ! Les Arts libéraux & méchaniques, ſont aujourd'hui à un point de perfection, qui induiroit à croire qu'il n'y a plus rien à déſirer, ſi l'on n'étoit en garde contre cette idée, (pourtant ſi naturelle) que tout s'épuiſe ; & que plus on connoît de choſes, moins il en reſte à connoître.

Notre but, en faiſant parcourir toutes ces études, aux jeunes perſonnes, doit être de piquer leur goût ; de leur inſpirer le déſir de s'inſtruire ; & de leur démontrer combien elles ſont encore loin, même de ce point qui tient le milieu, entre le ſavoir & l'ignorance. L'amour-propre n'aveugle ſur cet article, que celles qu'on laisse tourner dans un cercle étroit, de connoissances isolées. L'homme vraiment studieux ne s'enorgueillit point : plus il acquiert, plus il sent qu'il peut encore acquérir. Socrate estimoit que sa plus grande science étoit de savoir, qu'il ne savoit rien : ce sera celle de nos Eleves. L'objet principal, est moins de les rendre savantes, qu'aimables & heureuses. Le goût de l'occupation, doit nécessairement y contribuer.

C'est presque toujours, faute de se faire des idées justes sur le bonheur, qu'il nous échappe. L'habitude conduit à s'ennuyer volontairement, en se persuadant qu'on fait ce qu'il plaît le plus ; & l'ennui est le malheur de tous les momens : s'il n'est pas le plus grand, c'est parce qu'il est le plus commun. Qui pourroit donner des regles pour assurer ce bien si précieux (le bonheur) après lequel on court sans cesse, & que si peu de gens atteignent ? Ces regles, en effet, ne se donnent pas ; l'opinion seule est l'arbitre, mais quel pouvoir une bonne éducation n'a-t-elle point sur l'opinion ?

Un esprit juste, un cœur droit, un jugement sain, une imagination sage; voilà ce que nous espérons former, & de-là dépend le bonheur. On le cherche envain au-dehors, chacun le porte en soi; des événemens étrangers peuvent le troubler; mais rarement ils le détruisent, quand on s'est fait un rempart de ses vertus, & de son courage.

Savoir régler ses désirs, c'est le plus grand de tous les moyens, pour être heureux. Qui n'ambitionne que ce qu'il peut se procurer, croit un jour tout avoir. On vit en général trop au hazard; il faudroit compter avec soi, avec le tems, avec sa fortune, & sur-tout avec ceux auxquels notre sort est lié; puis se faire un plan qui ne variât que dans les nuances, & jamais dans le principe. Si l'on est foible, qu'on se découvre des résolutions chancelantes, des vues incertaines que les efforts ne puissent affermir; le plus court est de se résigner, à être gouverné toute sa vie. C'est un plan à former tout comme un autre. Du moins, on ne se fatigue plus à lutter contre un empire, auquel on finit journellement par céder; & l'on peut encore s'abandonner, à celui qui en est le plus digne; par-là on se garantit de la tyrannie de tout ce qui nous approche. Cette destinée est la plus pénible à remplir; mais chacun doit subir la sienne: le vrai talent de l'adoucir, n'est pas donné à tout le monde; il tient infiniment à la connoissance de soi-même, & aux réflexions, qui souvent, nous tireroient des premiers faux-pas. Un noble effort suffit quelquefois, pour apprendre à surmonter nombre de difficultés. Ce sont de ces cas, où il faut sacrifier le présent à l'avenir, se vouer à souffrir le tems nécessaire, laisser l'esprit macérer le cœur, soumettre sa sensibilité à l'inflexible raison; & se dire, en triomphant de moi, je triomphe de tout. Un moment va décider du bonheur de ma vie!

Il est des circonstances qui éxigent, des années de travail. Elles semblent demander plus de patience que de courage: on se trompe; la patience soutenue est elle-même un courage, peut-être plus rare & plus difficile dans la pratique, que celui dont nous venons de peindre l'effet. L'un, est un athlete qui voit le but, calcule ses forces, mesure l'espace, & est sûr d'y toucher; l'autre entre en lice, sans savoir qu'elle carriere il aura à parcourrir; chaque pas lui découvre un nouvel obstacle. Ces obstacles, ne peuvent souvent se vaincre, qu'à plusieurs reprises. Ce n'est pas une arme seule qu'il est réduit à employer; ce n'est pas un seul ennemi qu'il a, à combattre: il faut que sans cesse son objet lui soit présent, que ses moyens different, que ses vues se cachent, & que par des voies détournées, elles arrivent aux mêmes fins. Tantôt c'est la raison qui parle à l'esprit; le sentiment qui touche le cœur; l'aménité qui tempere l'imagination; & toujours c'est la sagesse qui fait céder à propos, pour amener plus sûrement l'instant après, ou à la complaisance, ou à la persuasion. On ne commande jamais, on fait vouloir. L'ame est ferme, vis-à-vis du caractere mobile,

elle

elle le retient, elle l'enchaîne. L'humeur est douce, vis-à-vis de l'esprit altier; elle le séduit, elle le captive. Tout s'opere par des gradations insensibles; mais en les observant bien, on admire jusqu'où parvient une femme adroite; sur-tout, si elle prend la justice pour regle, & qu'elle s'interdise le ton d'autorité qui révolte.

Les Femmes ne sont pas nées pour commander. Les préjugés voudroient les assujettir à obéir. Entre ces deux extrêmes, il y a un milieu, il dépend de leur dextérité de le saisir. Le point essentiel est de ne rien exiger de déraisonnable, & d'avoir attention de ne pas compromettre son crédit. On obtient plus qu'on ne croit par l'estime & la confiance; il s'agit de les mériter; alors elles sont aisées à établir, & leur empire est toujours sûr. Voilà pour vivre heureux avec les autres. Mais il faut vivre avec soi; c'est souvent le plus difficile. Exempts de grandes passions, il arrive que nous ne le sommes pas, de beaucoup de chime-

Tome I. T

res. On se crée des maux illusoires, ou l'on s'attache à tout ce qui en procure : puis l'on se plaint de son sort, sans songer qu'on est l'artisan de ses peines. Quelle est donc, la position, sans ressources ? *Réduire tout en calcul*, va-t-on dire, *adieu le bonheur*. On auroit raison. Je ne veux qu'un bon & seul examen, qui serve d'ame à tout le reste; un bon esprit, qui sache bien jouir de tout ce qu'il a, même de ce qu'il peut obtenir. Les plaisirs sont nécessaires au soutien de la raison; celle-ci a besoin de relâche; les autres ont besoin d'entre-acte & de diversité.

Nous sommes prêtes à nous séparer, dirois-je à ma fille ; écoutez les dernieres leçons d'une mere, elles sont encore moins le fruit de mon expérience, que celui de ma tendresse. Ce seroit peu de me devoir le jour, si vous ne me deviez le bonheur. Je me suis appliquée à vous procurer, tout ce qui semble l'assurer ; mais le vrai bonheur réside dans le cœur ; il est entre vos mains. Je vous ai formée au bien. Toutes les vertus ont eu le tems, de se graver profondément dans votre ame; même avant, que vous ayez entendu parler des passions. Au moment où j'ai cru, que celles-ci, trouveroient plus de résistance, je vous ai portée à les examiner : après les avoir écartées, il falloit vous apprendre à les fuir. Vous avez vu le monde, vous avez goûté ses plaisirs ; le cœur des hommes vous est connu ; votre esprit est cultivé ; votre jugement commence à être solide. L'emploi que vous allez faire de toutes ces choses, en devenant libre, va décider de la vérité de vos principes ; & l'application de vos principes, du bonheur de votre vie.

Rien de si aisé que d'être vertueux, sous les yeux d'un guide sûr, qui nous rend heureux. L'obéissance que l'on doit à une mere, fait disparoître l'idée de la contrainte ; mon amitié, d'ailleurs vous en a adouci le joug ; mais le chapitre des contradictions est très-étendu dans le monde. On y vante le prix de la liberté, qui est-ce qui la possede ? Ce n'est presque qu'une chimere.

Votre mari ne vous imposera pas de loi dure, je l'espere : figurez-vous, néanmoins qu'en société, si tout n'est gêne, tout est dépendance. Les égards, l'honnêteté, les attentions, la complaisance, sont les plus forts liens des hommes. Si vous brisez ces liens, vous vous isolés, sans être beaucoup plus libre ; car tout est chaînes. Mais rendez ces chaînes légeres, en disposant votre esprit à apprécier les choses ce qu'elles valent, & à n'y point attacher de ces répugnances, qui affligent. Sachez vous prêter aux amusemens des autres ; que jamais rien de ce qui est honnête & agréable, ne paroisse vous embarrasser, ni vous déplaire ; c'est le moyen d'être aimé & recherché. La femme foible se laisse entraîner ; on ne lui en tient aucun compte. Celle qui céde par effort, se fait payer d'avance ; bien-tôt on s'en lasse. Le juste milieu est de partager la joie avec grace, & d'avoir l'air amusé, quand les autres jouissent.

Ce n'est encore rien que cette contrariété ; vous en éprouverez dans votre ménage, dans vos affaires. Peut-être eſſuirez-vous des malheurs : le cœur s'y plie difficilement ; mais ſachez toujours les prévoir pour vous y préparer, & vous aſſurer des reſſources. Se laiſſer atterrer eſt le plus grand de tous les maux. Il eſt peu d'événemens affligeans, auxquels on ne puiſſe porter un certain remede. Les plus affreux, ont encore des ſuites, qu'il eſt eſſentiel de parer. Dans tous les cas, la préſence d'eſprit, eſt le bien le plus précieux, & il eſt poſſible de ſe le ménager, ſoit en voyant venir l'orage, ſoit en combinant froidement, pendant le calme, la bizarrerie d'un deſtin, qui pourroit ne nous pas épargner. Combien d'exemples d'ailleurs, ne peut-on pas ſe rendre propres ? Cette méthode ne pourra qu'aiguillonner votre ſenſibilité. En ſe mettant à la place des malheureux, on eſt plus près de les ſecourir. Que la difficulté ne nous rebute jamais. Un premier obſtacle ſurmonté, en applanit quelquefois un grand nombre, s'il ne les détruit pas ; & les ſoins qu'on a pris, fortifient la volonté. Ne tentez que le poffible, voilà la regle. Combien de chofes n'auroient point eu de fuccès, fi elles n'euffent été entreprifes d'abord, fans examen, & pourfuivies enfuite, avec ce zele, que les difficultés échauffent. Défendez-vous de vous paffionner fur rien ; un intérêt fincere fuffit à tout. L'amour du bien a fon ivreffe ; mais cette vertu porte quelquefois un caractere de défordre, qui fait que la nuance des égards nous échappe.

Il eft des peines de l'ame, qui ne tiennent qu'au fentiment. Celles-là font les plus cuifantes. Rarement il eft permis de s'en plaindre. Il faut plus de raifon que de vertu, pour les fupporter ; leur impreffion n'eft connue que par l'épreuve. Perfuadez-vous, qu'on ne fe fouftrait pas à ces peines ; elles font inféparables d'une tendre fenfibilité. Elles vous apprendront ce que c'eft, que ce préfent fi cher & fi funefte. Tant que le cœur nous fait jouir, nous ignorons ce que nous lui devons; mais le premier chagrin nous découvre, quelle étoit la fource de nos vrais plaifirs. Vous

les croirez tous évanouis (ces plaisirs) ;
c'est le sillon de la charrue, que recouvre
la trace légere des vents. Votre bonheur
sera dans les larmes ; vous imaginerez n'en
pouvoir plus goûter aucun ; & peut-être
subirez-vous cet étrange empire, qui for-
ceroit aux regrets de sentir moins vivement, si la véhémence du cœur n'y op-
posoit la certitude, qu'on sent tout ce que
l'on peut sentir.

Tel est l'excès de la douleur profonde :
néanmoins rassurez-vous, il n'en est point
que le temps ne calme. Il faudroit être
plus qu'homme pour s'affliger toujours.
La foiblesse de l'humanité, ne permet
qu'une certaine durée, à nos affections ;
& dans nombre de circonstances, la raison doit nous avertir, que la sensation du
moment nous aveugle. Ecoutez la raison ;
cette sauve-garde est la meilleure de toutes,
contre les petites peines journalieres, qui
nous assiégent : envisagez-les durables,
elles prendront sur votre humeur ; con-
venez qu'elles ne sont que *passives*, elles
n'altéreront que très-peu votre gaieté.

T iv

Il est bon d'accoutumer l'esprit à compter avec le cœur ; vous verrez que de détours, celui-ci emprunte, pour tromper l'autre, comme il cherche à le séduire. Laissez-les cependant quelquefois, se prêter des secours réciproques. On est forcé d'avouer, qu'il est des jours d'abattement, où cette indulgence est nécessaire ; on ne sait s'ils dépendent du moral ou du physique ; mais l'un & l'autre languissent, & la vraie philosophie sait accorder à la nature, pour la maîtriser plus sûrement ensuite.

Après les maux de l'ame, viennent les maux du corps : ceux-ci exigent du courage & de la fermeté. Les plaintes soulagent peu ; elles fatiguent nos amis, & ne remédient à rien. L'amour-propre seroit toujours bien placé, si on l'employoit à savoir souffrir. Les femmes attachent de la vanité, à faire partager des douleurs, qu'elles exagerent : elles croyent se rendre plus intéressantes ; c'est aussi une excuse pour leur amabilité, un charme invisible, qu'elles se flattent, qu'on supposera de plus à leur figure. Soyez au-dessus de toutes ces miseres, ma chere enfant; souffrez sagement, c'est la meilleure maniere d'intéresser. Ne bravez point la maladie. Distrayez-vous de vos maux, & n'écoutez point ceux qui ne peuvent avoir de suite. La santé mérite notre attention, c'est le bien qui nous fait jouir de tous les autres ; mais s'en occuper sans cesse, & s'abandonner à des craintes pusillanimes, c'est se créer un tourment.

On dit qu'on ne guérit point de la peur ; ne seroit-ce pas faute de la combattre ? Qu'on évite l'air de certaines maladies contagieuses ; rien de mieux, la prudence en fait une loi : qu'on redoute la mort ; rien de plus simple, la nature y répugne. Qu'un danger pressant effraye, le premier mouvement nous commande : mais combien de frayeurs ridicules, qui ne deviennent extrêmes, que parce qu'on se plaît à les nourrir ! Il faudroit raisonner de sang froid sur ces frayeurs ; on verroit qu'elles ajoutent infiniment à la somme des peines, qu'elles ne parent à rien, &

qu'elles agravent toujours, soit le danger en privant des ressources, soit la maladie, en affectant assez l'esprit, pour corrompre le sang. On craint le tonnerre, pourquoi ne pas craindre mille choses plus près de nous, qui nous menacent ? mais nos yeux y sont accoutumés. L'obscurité inspire de la terreur, une foible lumiere rassure. Quel secours ! j'en connois un meilleur, c'est un peu de raison ; car tout ceci se rapporte à un seul point, *l'amour de l'existence.* Rendons la donc heureuse cette existence, éloignons tout ce qui peut en altérer le charme ; des réflexions profondes & répétées, y conduiroient sûrement ; peut-être aussi diminueroient-elles cet attachement outré à la *vie,* & ce seroit un grand bien. Ne la méprisez pas, mais ne l'estimez que ce qu'elle vaut, & familiarisez-vous de bonne heure avec l'idée de sa fin. *On a toujours assez* du sentiment naturel, pour éviter la mort, & de l'espérance, pour ne la voir qu'à une distance raisonnable. Le sage n'a pas lieu de la desirer, il se défend seulement de la craindre, & il l'attend fans foibleffe.

L'efpérance eft le plus grand des bienfaits de la divinité : fans elle le defir eût été un fupplice ; & le defir, eft l'ame du *principe agiffant*. C'eft lui qui nous fait penfer, vouloir, & exécuter : privez-en l'homme, il tombera dans cet état d'inertie, qui differe peu de l'imbécillité. Tachez que vos defirs ne foient pas impatiens, car l'impatience ravit de grandes douceurs. On jouit fouvent bien plus de ce que l'on attend, que de ce que l'on poffede ; & fi l'on retranchoit de fa vie, tous les momens qu'il faut paffer, pour arriver à ce que l'on defire, on auroit bien peu de temps à vivre. L'homme porte en lui une *fource jailliffante* d'illufion, la *pente* en eft *rapide*, & s'il n'y oppofe le *froid* calcul de la valeur des chofes, fans ceffe il eft entraîné vers un *avenir qui fe fuccede*, fans laiffer de réalité au préfent. Cependant l'inftant qui fuit, à beau être un bien perdu fans retour, fouvent les jours, ne coulent pas encore affez vîte, au gré de nos affections. Elles feules mefurent la durée du tems ; pour que fa marche nous parût toujours égale, peutêtre faudroit-il n'avoir jamais rien fenti. Sachez employer les heures, c'eft l'unique façon de charmer un loifir fatigant. Arrivées à votre but, ne vous perfuadez pas encore, avoir faifi le bonheur parfait ; la poffeffion n'en eft que l'amorce. Un vœu comblé, fait place à un autre ; c'eft beaucoup, fi l'on fait goûter, ce que l'on obtient.

Le defir n'eft pas le même dans tous les êtres ; l'homme vain fe flatte inconfidérément ; il eft prefque toujours trompé, & ce mécompte ne le corrige pas. Plus l'homme timide defire, plus il craint, & c'eft un état très-malheureux. La crainte eft fouvent auffi, la fuite du defir immodéré. L'homme fenfé examine la poffibilité, juge les apparences, & n'efpere qu'en raifon des probabilités ; s'il met un peu fa joie dans le futur, il fe préferve du moins, d'empoifonner toutes fes autres jouiffances, par des combats douloureux,

La modération est le premier de tous les biens; la résignation est le second ; & avec ces deux-là, on apprend à se passer de tous les autres. Dans les choses importantes, quelques difficiles qu'elles soient, faites toujours tout ce qui dépend de vous; consultez, réfléchissez, ne cessez d'agir que quand votre tâche est bien remplie; puis laissez le destin remplir la sienne. Vous ne désirerez pas moins ; mais vous attendrez l'événement avec plus de sécurité, toutes les fois que vous vous ferez mise à l'abri des regrets (*).

Les desirs qui n'ont que le sentiment pour base, sont les plus délicats à régler; la plus grande force d'esprit n'y parvient pas aisément : c'est où la crainte & l'espérance, usent le plus despotiquement de leur empire. Le cœur tyrannise l'esprit ; l'esprit amuse le cœur ; l'imagination les égare tous deux, & la raison est souvent *la vertu souffrante.* Que de foiblesses un

(*) Savez-vous pourquoi un homme habile est très-rare, me disoit un de mes amis ? C'est qu'il réunit deux choses *insociables*, le desir, & la patience.

léger examen nous découvre! s'y abandonner, ce feroit vice; prétendre les anéantir, ce feroit orgueuil; mais fe les avouer, c'eft fageffe; & leur céder quelquefois en fpéculation, c'eft encore philofophie. Revenue de là comme d'un fonge, on fent de quelle conféquence feroit la réalité. On apperçoit que l'attrait du moment, n'eft point un plaifir inaltérable, & l'on s'efforce de réfifter à ceux, dont on prévoit le repentir.

Voilà, ma chere enfant, les moyens de tirer parti de nos erreurs. Nous n'avons que de petits ennemis au dehors. Les plus cruels ennemis de notre repos, font au dedans de nous. Il femble que l'homme foit un compofé bifarre, de volontés oppofées qu'il condamne, & fur lefquelles la raifon n'étend fon pouvoir, qu'à proportion qu'elle les ménage. S'il vous arrive de faire des fautes, ne rougiffez point de les réparer, car ce feroit un plus grand tort : fi elles font irréparables, au moins qu'elles vous fervent de leçons. Un remord bien fenti, remet dans le sentier de la vertu. Mais en morale, comme en affaire, on doit se défendre d'un continuel retour sur le passé. Bien des gens employent une partie de leur vie, à regretter l'autre, sans en devenir meilleurs ; quelques-uns mettent tous leurs fonds en projets, & se disculpent par-là de l'exécution. C'est toujours du point où l'on est arrivé, qu'il faut partir, si l'on veut empêcher que le bien réel n'échappe. Ne fouillez point trop avant dans l'avenir, il est impénétrable. Les maux que la crainte nous présage, sont souvent chimériques : le bonheur que l'espoir nous promet, ne l'est guere moins ; il n'y a de solide que le présent. N'appréhendez pas d'ailleurs, que l'espérance vous abandonne ; c'est le dernier bien qui nous quitte ; mais séparez-en toujours avec soin votre amour-propre, c'est lui qui la rend si trompeuse.

Vous allez entrer dans une nouvelle carrière. Un mari à fixer, des gens à gouverner, un ménage à conduire, peut-être des enfans à élever. Songez, ma chere fille, que les moindres détails font des devoirs d'état : confidérez-les d'abord moralement, pour vous en former le plan. Quant à l'exécution, faites provifion de philofophie. Défendez-vous de mettre trop d'importance dans les petites chofes, on vous croiroit minutieufe dans les grandes, & c'eft prefque toujours la marche ordinaire. On ne peut intervertir l'ordre des convenances, fans les confondre toutes; voilà pourquoi une faute, ou un ridicule, en entraîne tant d'autres. Vis-à-vis de vos domeftiques, que votre autorité foit douce, ils en aimeront le joug. Avec votre mari que vos chaînes foient légeres; elles prêteront peut-être quelquefois, mais elles ne rompront jamais. Votre objet capital eft de mériter fon eftime, d'obtenir fa confiance, de chercher à lui plaire : variez-en les moyens, de crainte qu'ils ne s'ufent.

Il faut diftinguer ce que vous devez, de ce qui n'eft qu'attentions, ou recherches volontaires. Rempliffez fcrupuleufement les devoirs, & fur le refte, n'entreprenez
pas

pas plus que vous ne pourriez foutenir. Tout paroît facile dans les commencemens, mais la continuité fatigue. L'habitude refroidit la fenfibilité ; ce qui flattoit, comme foins, prend le caractere de l'obligation ; il arrive qu'on s'eft forgé des entraves, & la moindre négligence devient un tort.

Un peu de coquetterie dans le ménage eft néceffaire. Généralement, on n'y maintient pas affez ces égards polis, qui feroient le frein de l'humeur & de la vivacité. Deftinés à vivre enfemble, au bout de très-peu de tems, on croit inutile de fe gêner ; on dit même que dans certains rangs, on va jufqu'à établir une familiarité qui eft *l'enfeigne* du mauvais ton. (J'écris pour tout le monde, ainfi je dois le remarquer.) Cette familiarité fe gliffe auffi, comme furtivement, au fein des fociétés particulieres ; c'eft prefque manquer aux autres, & profaner un langage réfervé pour la feule intimité ; il auroit alors de l'énergie, au lieu qu'il perd fon expreffion & refte fans pouvoir. Cette façon de parler, d'ailleurs, entraîne des propos libres, elle en autorife de durs, elle favorife jufqu'à l'occafion de fe fâcher. Un *vous* qui ne doit être qu'honnête, devient une replique offençante ; & fi malheureufement ce miférable ton s'eft introduit, on ne peut plus y renoncer, fans que l'un ou l'autre n'accufe le cœur de changement. C'eft dans le ménage, où les grands événemens, ont les plus petites caufes ; il faut avoir beaucoup réfléchi pour les prévoir.

Conduifez-vous vis-à-vis de votre mari avec aménité, mais obfervez que vous ne pouvez l'aimer affez vivement d'abord, pour que les démonftrations ne vous nuifent pas. Ce qui flatte ne perfuade pas toujours, ou du moins pour toujours. *L'ombre* d'un doute induit à fe défier du préfent, par le peu de fondement que devoit avoir le paffé, & c'eft un commencement de malheur. Ayez affez de tact pour diftinguer les gens qui pourroient inquiéter votre mari. Évitez qu'il foit dans le cas de vous faire des repréfentations, ou de vous demander des sacrifices ; quelques graces que vous y puissez mettre, rien n'entraîne de plus grands inconvéniens ; la récidive est offensante, & le refus confirme le soupçon.

Ne prodiguez point les caresses pour obtenir, réservez-les pour ramener : les unes tiennent de la fausseté, les autres appartiennent au sentiment ; elles sont toujours honnêtes. L'impression que vous devez faire sur votre mari, est toute différente de celle, qu'il doit faire sur vous. Un objet nouveau est toujours plus piquant pour un homme. Vous le verrez vif, empressé ; n'espérez pas que cela se soutienne, & n'en prenez point d'ombrage. L'habitude & la facilité émoussent tous les plaisirs ; c'est à vous d'en retarder l'effet : qu'une modeste réserve, lui promette encore plus de charmes, qu'elle ne lui en découvre. Enchaînez-le ensuite par les marques de votre tendresse, & par la délicatesse des procédés ; c'est le meilleur frein.

Cependant, ma fille, si vous êtes

destinée à éprouver quelques humiliations, n'employez ni plaintes, ni reproches; bannissez l'humeur; laissez deviner seulement que vous seriez sensible. Si votre mari est honnête, vous le retiendrez : s'il ne l'est pas, vous l'obligerez du moins à observer certains ménagemens. Ce n'est jamais que la certitude maladroite qu'affiche une femme, qui dispense des égards. Les préjugés ne mettent les hommes que trop à leur aise; ils sont accoutumés à se permettre, tout ce qui ne les deshonore point; & les erreurs des sens, les portent à abuser du sentiment; mais le pouvoir de l'opinion est tel, qu'il faut savoir gré aux maris qui restent fideles. La jalousie semble blesser les droits de leur liberté, & leur apprend souvent qu'en n'en usant pas, ils y perdent des plaisirs. Il est d'ailleurs injuste de prétendre toujours plaire à un mari, lorsqu'il est le seul être, vis-à-vis duquel on se néglige, & sur la façon d'être, & sur la maniere de dire. Montrez-vous plus aimable que les autres femmes, vous affoiblirez nécessairement le *véhicule* de la curiosité. N'exigez rien, & paroissez reconnoissante des attentions, l'amour-propre l'invitera à les multiplier : partagez tous les genres d'amusement qui seront de son goût, vous exclurez les mysteres, & vous établirez la confiance ; c'est le plus sûr garant du cœur. Sur-tout, ma fille, évitez de demander ou de paroître attendre rien d'opposé, à la moindre de ses obligations : établissez-vous au contraire, la gardienne de ses vertus & de sa gloire. Alors vous ne verrez point des marques d'éloignement, dans un jour de retard, ni des preuves de dédain, dans un refus. Sachez que remplir ses devoirs, c'est honorer ce que l'on aime.

S'il survient entre vous, de petites altercations, songez à modérer votre vivacité, à appaiser la sienne, de maniere qu'il n'en résulte jamais d'aigreur. Vous n'êtes point des Anges, ainsi vous aurez des torts réciproques : mettez de la noblesse dans la façon de reconnoître les vôtres. Il ne faut pas s'humilier devant ceux qui voudroient nous dominer ; ce feroit perdre à leurs yeux, une partie de notre confidération. Gardez votre fenfibilité pour les retours, qu'un feul mot à propos peut amener. Celui qui a raifon, doit eftimer affez l'autre pour l'attendre. Mais que vos bras foient toujours prêts à s'ouvrir. On éloigne le defir de réparer, en rendant la réparation difficile. Sur-tout aucune efpèce de bouderie ; c'eft une forte d'inquifition, qui ne fe fait redouter que pour fe faire haïr. Au moment où l'on fe rebute, on finit par tout braver. Notre plus bel empire eft celui d'une tendreffe raifonnée, également éloignée de la hauteur & de la foibleffe : un grain de fierté avertit de la ménager, la rend plus piquante, & ne la fait que plus chérir.

Tous les amis de votre mari doivent devenir les vôtres, ou être reçus comme s'ils l'étoient : je n'en fépare pas les femmes. S'il s'eft trompé dans le choix, ne l'éclairez qu'autant qu'il pourroit être trahi ou offenfé, car fouvent le bonheur tient à ces méprises. Il est des avis, des confidences, & des aveux très-dangereux de la part d'une femme ; ils compromettent toujours l'honneur du mari, & prouvent peu en faveur de l'attachement. La vraie sagesse n'a besoin que d'elle-même pour se garder. Prévoyez ce que l'on appelle *déclarations*, vous les éviterez : si elles vous surprennent, ne perdez point le temps à écouter ni à répondre ; & vous vous sauverez les importunités, en vous assurant plus d'estime.

Faites que par-tout où vous aurez quelques droits, la paix & l'union y régnent ; portez-la au sein de votre famille. Accueillie d'abord par celle de votre mari, ne vous livrez que modérément, aux caresses que vous y recevrez ; défiez-vous des louanges qu'on vous y prodiguera, sans renoncer à vous en rendre digne. Les temps changent souvent les affections : un léger intérêt les altere ; & plus on s'est abandonné, plus certains procédés offensent. Cherchez à connoître avant d'asseoir votre jugement, d'accorder votre estime, & de promettre votre amitié. Soyez affable, honnête, prévenante. Que vos propos soient obligeans ; mais ne louez que ce qui mérite de l'être : même dans le monde, défendez-vous de cet esprit complimenteur, qui fatigue beaucoup plus qu'il ne flatte. Le moyen de compter sur la maniere de penser de quiconque, tient le même langage aux personnes les plus aimables, comme aux plus médiocres ! La louange est toujours maladroite, lorsqu'elle porte sur les talens, les graces, les qualités, ou les agrémens qui n'existent pas ; & elle ne trompe que les sots. Ménagez-vous donc le plaisir de faire rechercher votre suffrage, & de le voir distingué par vos amis. Mais soyez juste, sans être sévere. *Il est si différent d'avoir* toujours été à sa place, *de n'avoir* trouvé ni obstacles ni difficultés à vaincre ; qu'avant d'examiner tout ce qu'un homme pourroit valoir, il faudroit commencer par *peser* les diverses circonstances, qui s'y sont opposées ; son éducation, fa fortune, fon rang ; les gens de qui il a dépendu ; ceux avec lefquels il a été forcé de vivre ; & il fe trouveroit fouvent, qu'il eft encore au-deffus de ce qu'il devroit être.

Ne craignez point d'étendre ces combinaifons, jufques fur vos domeftiques. *Ce font nos amis malheureux*, dit un ancien ; parmi ces amis là, vous trouverez bien de petits ennemis. Rien n'eft moins naturel que la fervitude. Eft-il étonnant que la raifon y répugne, que le cœur s'en irrite ? Attendez-vous, à trouver les meilleurs domeftiques, remplis de défauts ; ils doivent avoir ceux de la rufticité, ceux de l'efprit prefque inféparables de leur état, & encore une grande partie des nôtres. Quand le fervice n'en fouffre pas, c'eft beaucoup ; mais cela dépend plus du bon ordre, que de leurs vertus. Il eft une équité ftricte qui donne le mouvement à tout ; & lorfque la bonté en eft le reffort, l'ordre fe foutient fans peine. Commencez par faire connoître vos intentions ; commendez avec douceur, faites exécuter avec fermeté; tenez bien exactement vos promesses; motivez vos menaces de maniere qu'elles ne restent pas sans effet; ne vous emportez jamais, & vous serez obéie. Une réprimande seche, a plus de poids, que cent répétitions; n'en faites que sur les objets essentiels, & motivez-les selon les caracteres : soit que vous vouliez inspirer le repentir ou la crainte : il n'y a que cette maniere de gouverner les hommes. Accoutumez vos gens à l'exactitude, & cependant ignorez de petits oublis, que vous ne pourriez passer, si vous étiez censée les appercevoir. Les choses que vous présumez qu'ils feront d'eux-mêmes, attendez-les quelquefois; leur amour-propre en tire plus de vanité; ils croient par-là, rendre leur condition plus libre; leur service devient aussi plus agréable. En ne leur parlant que pour le nécessaire, on est toujours plus respecté, & leur respect tient lieu d'amour. Ce n'est pas la dureté qui les fait craindre, (ils sont quittes pour changer,) c'est la

juſtice, parce qu'elle rend heureux, &
qu'on veut reſter où l'on eſt bien.

Plus un domeſtique vous approche de
près, moins il faut lui pardonner les ré-
ponſes familieres ; vous ne le conſerverez
qu'en le maintenant dans les bornes de
ſon état : ſur quelque objet que ce puiſſe
être, ne dépendez jamais de ſa diſcrétion.
Une femme-de-chambre confidente, eſt
un tyran ; & l'on devroit éviter juſqu'à
ſes conjectures, pour ſe garantir de ſon
imprudence. Généralement obſervez-vous
devant vos domeſtiques. Ils ont droit
d'attendre de nous de bons exemples ; de
légères approbations qui les encourage,
ſans les gâter ; des leçons, qui ne les
rebutent point ; un peu d'indulgence, de
la protection & de la généroſité : mais
pour ce qu'on appelle attachement ou
bienveillance, il faut les leur laiſſer eſpé-
rer, de maniere qu'ils ſe croient toujours
prêts de l'obtenir, & qu'ils n'en ſoient
jamais trop ſûrs.

Veillez ſur eux, c'eſt le moyen de les
contenir : l'œil du maître eſt utile à tout.

Ne dédaignez pas de vous faire une habitude, de ces soins journaliers, qui sont le vrai soutien de l'ordre. Toujours la paresse de celui qui commande, entraîne la négligence de ceux qui servent. Sans paroître vous défier d'eux, examinez-les scrupuleusement, & soyez exacte à compter. Sur la moindre indice de friponnerie, délivrez-vous du tourment de l'inquiétude. Il est imprudent de garder un sujet suspect; il est aussi très-douloureux pour les autres domestiques, d'essuyer des suspicions outrageantes : quand ils ont de l'honneur, ils vous quittent, & l'on n'est plus servie que par le rebut de l'espece humaine. Une confiance modérée anime leur zèle, & assure notre repos. Tolérez quelques avertissemens, mais ne souffrez points de rapports; ils nourrissent la discorde, ils aigrissent l'humeur, & rétrécissent l'esprit.

Je vous l'ai dit souvent, ma chere enfant, les vertus privées sont les plus rares & les plus difficiles, parce qu'elles sont de pratique habituelle; chaque instant nous en fait un besoin, sans que l'amour-propre ni la vanité, puissent revendiquer leurs droits. On est vertueux chez soi, uniquement pour le plaisir de l'être; dans la société on l'est, avec le plaisir de le paroître. Vous avez des principes généraux pour vous conduire dans le monde; faites-vous-en encore de particuliers, selon votre position. Evitez l'exigence; c'est un caractere qu'on *prend* aisément; il absorbe la délicatesse. Lorsqu'on attend tout du devoir, on perd la satisfaction précieuse de se croire redevable au cœur, & l'on refroidit l'empressement. Il n'y a de soins flatteurs que ceux qui sont libres. Prétendre captiver toutes les attentions d'un ami, contraindre ses affections, s'est s'exposer à affoiblir son attachement. Méritez beaucoup, exigez peu, sentez vivement, tenez compte des plus petites choses, & l'on désirera assez de conserver votre amitié, pour la cultiver.

Une société d'amis est l'élite des hommes; je regarde ceux qui la composent, comme les favoris de la divinité. Quelle plus sensible image du bonheur ! Là, tout rang est confondu. La vertu est le seul *cachet distinctif.* Les qualités du cœur & de l'ame, les agrémens de l'esprit déterminent les préférences. On admet les plaisirs, sans bannir la raison; souvent on les allie; & la raison seule est si douce, si aimable, que jamais on n'en use sans plaisir. Une noble franchise habite au milieu de tous; elle avertiroit des erreurs, si le tendre respect qu'elle inspire, n'en préservoit. L'honneur sert de guide; l'estime d'émulation, & la vérité de regle; parce que l'amour du vrai est un sentiment, & que personne ne s'en *sépare.* Une politesse aisée, *tient* à la fois les égards en *action*, & la trop grande familiarité à l'*écart*. On pense tout haut, mais l'on conseille tout bas. Toujours la délicatesse met des bornes aux saillies. S'il échappe de petites vivacités, loin de déposer contre le cœur, elles sont presque un témoignage de l'intimité générale; un seul étranger eût maintenu la réserve, même sans faire éprouver la contrainte,

On est heureux ensemble, & contens au sein de la dissipation; sans trop étendre les liens du cœur, la variété des connoissances amuse, elle entretient le feu de la gaité. Chacun accueillit le mérite, apprécie le savoir, défere à la naissance, & prend sa place. Mais l'esprit de société ne cesse d'être un; la liberté est la devise, la joie la plus pure est l'emblême, & le bonheur de tous, double la félicité particuliere.

Telles sont, ma fille, les sociétés qui honorent la jeunesse; elles deviennent une jouissance délicieuse pour l'âge mur; & elles en prolongent encore si bien le charme, qu'il n'y a point de vieillesse pour l'esprit, quand le cœur s'exerce ainsi à sentir. En vous remettant les droits que la nature m'avoit donnés sur vous, j'ai cru devoir vous offrir sous ce seul tableau, la réunion des vertus, des plaisirs & du sentiment. Ce n'est que dans cet heureux accord, que vous trouverez le bonheur. Ici, se terminent toutes mes leçons. Il seroit superflu d'étendre mes conseils à ce tems qu'on appelle improprement le retour ; il eſt encore loin de vous ; qui ſait y bien arriver, ſait s'y bien conduire. L'ordre des âges reſſemble à celui des ſaiſons. Le ſage ſe conforme à la marche de la nature. Ne dédaignez point l'innocente & délicieuſe joie des plaiſirs purs : ne devancez point le moment des ſacrifices ; ce ſeroit peut-être hâter les regrets. Subiſſez avec force les coups du ſort. Soumettez vos affections à l'empire des événemens. Souffrir avec courage, jouir avec modération : voilà la grande ſcience de l'homme.

Tendre objet de mes ſoins, digne appui de mes vieux jours, je vais établir ma félicité ſur la gloire des vôtres, ma chere enfant. Sans renoncer au titre ſacré de mere, j'y aſſocie celui d'amie, pour que le charme de l'un, voile l'eſpece de ſupériorité que conſerve l'autre. Entre nous déſormais, que le ſentiment ramene l'égalité, que l'amour éclipſe le reſpect. Rendez à vos parents ; chériſſez-les ; mais que jamais dans les deux auteurs de vos jours,

jours, vous croyez retrouver le siége de votre ame, ce feu divin, dont votre cœur doit brûler pour la vertu, & cette sublime sensibilité, présent de la bonté suprême ; c'est elle qui rapproche les âges, qui communique la joie, partage les peines, unit les idées, confond les affections, & ajoute à la force des liens du sang, ces puissans nœuds du cœur, que la mort ne rompt encore qu'à demi pour celui qu'elle épargne.

Quel spectacle plus touchant que celui d'une telle union ! O heureuse Fille ! ô heureuse Mere ! quel plus digne prix de tant de soins, que des vertus & des sentimens qui les transmettent à la postérité ? Après m'être livrée à tous ceux dont mon ame étoit remplie, il est tems de m'arrêter enfin, à former des vœux, qui charment l'attente d'un espoir si cher.

Tome I.   X

RECHERCHES *sur le développement de notre être animal & sensible.* (*)

L'HOMME n'arrive que par gradation à cette supériorité, que le Créateur semble lui avoir assigné sur tous les êtres. L'état dans lequel il naît, s'il étoit abandonné, le montreroit plus foible, plus dépourvu de facultés que la plupart des

---

(*) M. de Buffon, a peint l'homme parfaitement organisé pour lui-même, mais il l'a peint physiquement. Sans oser prétendre à l'imiter, je voudrois, par un principe toujours relatif au bien, qui doit résulter d'une meilleure éducation, chercher à puiser de nouvelles lumieres, dans le développement moral de nos premieres pensées, de nos premieres actions, & sur-tout de nos premieres affections ; parce que de la maniere de diriger les affections, dépend souvent ce sentiment précieux, qu'on peut également généraliser ou personnifier, puisqu'il s'applique à tout. Examiner la nature, suivre l'enfance, se replier sur soi-même, seroient peut-être encore de foibles moyens, pour atteindre jusqu'à la vérité ; mais mon projet ne peut-être, d'entrer ici dans tous les détails, qu'offre l'étendue de cet examen ; je dois éviter de revenir sur beaucoup d'objets que je viens de traiter.

animaux ; comme eux, le besoin l'avertit. Goûter, voir, toucher, sont les premieres fonctions de notre intelligence ; à celles-ci la nature laisse succéder le plaisir moins important d'entendre, & plus tard encore celui de sentir.

L'enfant, comme s'il étoit déjà embarrassé ou ennuyé de la vie, semble avoir besoin d'être distrait par les sons. Les accens variées de la voix d'une nourrice l'amusent, & insensiblement l'émeuvent ; dès cet instant l'instinct commence à se montrer. Sans comprendre les mots ; un enfant différencie les gestes, & y subordonne en quelque sorte les petits mouvemens, qui forment les premiers apperçus du sentiment de son existence. Mais c'est alors comme on l'a si bien démontré, qu'il est prêt de prendre l'assujétissement qu'exige son état, pour un empire qu'il essaye d'exercer, & auquel il est si dangereux qu'on se prête. A tout âge l'insuffisance personnelle, même celle qui naît de l'impuissance, s'éprouve & ne s'avoue pas. Sorti de ces langes, l'enfant voudroit se croire libre. Incapable d'apprécier les soins qu'on lui prodigue, il ne tarde pas à les exiger, à les étendre : & notre raison, sans esprit, sans philosophie, agit-elle plus conséquemment ? L'enfant crie, pleure, s'impatiente si on lui résiste : l'homme fait s'emporte, ou finit par renoncer à l'ami qu'il a rebuté. Deux effets si semblables dans des âges si différens, sont produits par la même cause, *c'est le besoin qu'on a des autres* : l'homme foible qui s'exagere ce besoin, le prend pour une autorité de s'en servir ; l'enfant qui l'éprouve, cherche à s'approprier les facultés de ceux qui l'entourent, en attendant qu'il jouisse des siennes. Cette habitude facile à contracter, d'une part multiplie ses besoins, de l'autre nuit à l'activité, de maniere qu'ensuite, ses propres facultés ne peuvent plus lui suffire. Hé, qui sait encore combien il en peut résulter d'inconvéniens, pour ce que nous nommons facultés intellectuelles ? L'esprit industrieux & inventif, n'appartient gueres qu'à ceux, qui ont eu le tems de désirer.

Parmi le peuple naturellement robuste & laborieux, on ne rencontre des fainéans, que parce qu'il y a des meres foibles, qui gâtent & servent leurs enfans, beaucoup plus que ne semble le permettre leur état. Les enfans des mendians qui sont sans cesse portés, abhorrent toute leur vie la peine & le travail. En général les uns & les autres, dès qu'ils savent parler, songent à se faire obéir; endurcis aux intempéries des saisons, dont on ne leur a jamais sauvé les rigueurs, les jeux autant que l'amour de la liberté, les tiennent continuellement à l'air, & ils en supportent les injures, sans se plaindre : étant forts, leurs plaisirs sont bruyans, mais leurs querelles peu fréquentes, parce que ne connoissant ni les préférences, ni les égards, ni l'humiliation, ils ne s'offensent que des coups qu'ils ne peuvent pas rendre. Les voilà, tels qu'ils paroissent, sous la condition d'égalité en tout point. Mais chez eux, où ils sont accoutumés à trouver des secours, la volonté qui n'est pas la leur, les irrite ; ils sont opiniâtres, durs, entêtés; ils pleurent, ils crient; & la mere qui les appaife, n'eſt jamais que leur ſervante. Auſſi rien de plus difficile, enfuite, à élever & à corriger que ces enfans. Les philoſophes qui ont cru qu'ils n'avoient point d'exigence, ne les ont examinés qu'en paſſant. C'eſt ſous le chaume qu'il faut rentrer avec eux, pour ſonder la moralité de leurs actions : hors de-là, s'ils ſe montrent plus enfans de la nature que les nôtres, c'eſt qu'il ſemble que leur premiere éducation n'a qu'un défaut que nous partageons, & qu'ils ne participent pas de même, aux défauts multipliés, que doivent néceſſairement entraîner les uſages, l'importance & la ſotte conſidération, qui nous entoure dès le berceau. Mais combien de vices plus difficiles à déraciner n'ont-ils point, par d'autres cauſes, que nous n'avons pas le même intérêt d'approfondir.

On ne peut donc d'abord appercevoir dans les enfans, que le penchant de la nature à uſer de ſon exiſtence; eſpece de mouvement spontané de l'ame, qui ne se connoît pas encore ; mouvement qui annonce qu'aucun *être* organisé, n'est fait pour rester passif. Ce que disent, ce que font les hommes, ne détruit ni ne prouve presque plus rien en faveur de la nature, ils sont trop parvenus à la méconnoître ; on la devine *en eux* avant qu'ils commencent à agir ; mais ce n'est plus pour la suivre ; ainsi de quoi nous serviroit de chercher l'homme, où l'enfant de la nature ? Il deviendroit si imaginaire, si éloigné de nos mœurs, que ce seroit autant de lumieres perdues. Disons avec un Auteur célébre, qu'il n'est point de vice, dont on ne puisse montrer l'entrée dans le cœur. Ecoutons-le sur la mauvaise méthode qui les y insinue, sur les conséquences qui en résultent, & sur les moyens qu'on auroit de les prévenir ; nous n'écririons rien d'aussi digne de fixer l'attention. Mais peut-être y a-t-il aussi beaucoup à gagner, en considérant l'homme de tous les âges, non comme il pourroit ou devroit être ; mais simplement tel qu'on est habitué de le former. C'est-là qu'on découvre la source des maux qu'on lui cause, & les chagrins qu'on se prépare.

Le pere qui reçoit son enfant dans ses bras, joint à une joie douce & muette, un regard curieux, un desir secret de pénétrer les profondeurs de sa destinée : oh ! mon fils, s'écrieroit-il volontiers, quel bien, quelle gloire me promets-tu ? Il est loin de pressentir, que tout ce qu'il y a de bon & de mauvais, est alors entre ses mains, que la nature l'en rend l'arbitre. Néanmoins il ne l'interrogeroit pas de même, sur les peines qu'il peut avoir à redouter : c'est que le bonheur vivement senti n'en prévoit gueres, & que la paternité est un bonheur réel pour l'homme sensible.

C'est *soi*, nous dit-on, que l'on aime dans ses enfants : c'est *soi* sans doute dans le moment où on les desire ; mais ce sont eux dès l'instant qu'on les a ; & c'est encore pour le plaisir de les aimer, qu'on les a defirés. On voit peu de gens égoïftes, envier cette douceur autrement, que par des motifs d'intérêt ; plus ordinairement ils ne l'envifagent que fous le jour des foins, des inquiétudes, des foucis, & ils y préférent leur tranquillité. D'ailleurs, entre la maniere commune de fentir, & ce fentiment profond, devant lequel fe brifent les paffions, la différence eft bien grande. Quelle image plus touchante que celle d'un pere ramené à fes devoirs, par le feul élan d'une tendreffe, qui va lui tenir lieu de tout ? N'ayant plus qu'un objet, prefque toutes fes actions deviennent des facrifices. Ce n'eft plus pour lui qu'il crée, ni qu'il édifie, fon cœur alors, (quoiqu'on en puiffe dire), bien plus que fa vanité, grave cette infcription fur tous fes ouvrages. *A la jouiffance de mes enfans*, & la plus grande des fiennes, s'anticipe fur le bonheur, qu'il travaille à leur affurer. Ne craignons point qu'un tel pere, s'il eft éclairé, forme un fils ingrat. Les vertus ne nous paroiffent fi tardives, & le mal fi précoce qu'en raifon de mauvais exemples, qui difpofent le caractere à devenir factice, avant même qu'il fe montre.

Nous ne parlerons plus de cette premiere enfance, qui fe perd pour nous dans l'efpace. Les fens n'arrivent que par degrés au point de s'exercer. La progreffion des idées, fuit le développement des fens ; ce font de ces effets myftérieux de la nature, auxquels nous n'aidons, que parce qu'il eft impoffible que les objets extérieurs n'y concourent pas. Dès que l'enfant témoigne de la joie, du plaifir, ou des préférences, il diftingue les chofes ; néceffairement il faut qu'il prenne des notions de comparaifon ; qu'il établiffe des différences; pour favoir qu'un objet n'eft pas un autre, que toutes les femmes ne font pas fa nourrice. Qu'ofer d'ailleurs prononcer d'affirmatif fur ces premieres lueurs de notre difcernement? L'habitude, en nous conduifant par la main, ravit à nos yeux la furprife, des fpectacles les plus étonnans, & nous force à ufer de tout, fans jouir. L'ignorance en tenant notre esprit dans l'inaction, nous laisse errer au milieu des dangers, jusqu'à ce que l'expérience nous apprenne à les craindre ; & que cette crainte nous instruise à les éviter. La mémoire seule, fait tous les frais de notre existence morale ; mais son ouvrage reste, tandis que son travail est à jamais ignoré. On conserve par l'usage le souvenir de tout ce qu'on a appris, sans qu'on puisse dire ni quand, ni comment. Il semble cependant qu'il y ait un instant marqué, où une espece de rideau, se tire tout-à-coup, de dessus cette importante fonction de notre ame. Cet instant mériteroit de faire époque. Peut-être même, verroit-on, que plutôt il s'annonce, plus il y a de sagacité à attendre ; & je crois que sans se tromper, on pourroit le prendre pour signe certain, de l'entier développement des organes ; mais on ne s'est pas encore avisé de chercher à le démêler. Les questions que l'on fait à cet égard aux enfans, n'ayant aucun but philosophique, ne se présentent que quand elles font inutiles. Il feroit cependant aifé d'obferver, fi les chofes faites pour les intéreffer, laiffent des traces, d'abord au bout de quelques jours, enfuite au bout de quelques mois, ainfi en fuivant. L'enfant qui fe reffouvient au bout d'un an, eft fûrement au point dont je parle. L'impreffion qu'il a reçue, fe confervera peut-être toute fa vie; & c'eft alors que je comprens qu'il va s'élever au-deffus de l'inftinct; que la chaîne des idées archétypes, va infenfiblement produire les idées compofées; & que par ces idées, il arrivera au fentiment, des actions étrangeres, qui lui font réverfibles; foit pour le bien phyfique, foit pour le mal moral. Or, de la jufte mefure de celles-ci, vont dépendre bien plus férieufement encore, ces notions heureufes ou malheureufes, dont peuvent naître tant de vertus ou de défauts; car la confcience comme on l'a très-bien définie, « n'eft autre chofe, que le fentiment que » nous avons, nous-mêmes, de ce que nous » faifons; & l'on n'arrive à la connoiffan- » ce des régles de la morale, ainfi qu'à

» beaucoup d'autres vérités, que par l'é-
» ducation ».

Telle eſt la marche de l'eſprit humain. Il ſemble parvenir à remplir toutes ſes fonctions, comme le corps à exécuter ſes mouvemens, ſans autre guide que l'uſage de ſes facultés ; uſage dirigé enſuite par l'expérience. A cet égard j'ai cru ne pouvoir mieux faire, que de préſenter à la ſuite de ceci, quelques extraits tirés de pluſieurs ouvrages de M. l'Abbé de Condillac. Ce ſavant & profond Métaphyſicien, en nous éclairant ſur les opérations de l'eſprit, prépare à pénétrer plus avant dans le cœur, & nous aide à remonter à la ſource, de tous ſes mouvemens.

Dans l'âge mûr, les idées naiſſent ſouvent du ſentiment (morale) ; mais dans l'enfance, le ſentiment ne peut être que le fruit des idées. De même que la ſenſation devance les idées, la penſée devance les affections du cœur. Penſer, n'eſt point encore raiſonner, qu'on ne s'y trompe pas. L'enfant eſt encore loin de discerner ses idées, d'en tirer des conséquences, & de former un jugement dont il résulte quelques principes. La nature seulement, le dispose à recevoir les vôtres, & à les assimiler au caractere qu'elle lui a donné. Il a des yeux pour vous voir, des oreilles pour vous entendre, & presque toutes vos actions, vont former ses premieres perceptions. Ensuite il vous jugera.

C'est par la douleur, que l'enfant arrive à l'idée du bien-être ; par la privation, qu'il prend l'idée de la jouissance, & qu'il commence à éprouver que c'est un plaisir. Ces extrêmes sont plus multipliés qu'on ne croit pour cet âge, où la nouveauté éveille sans cesse, le desir d'exercer ses facultés. Chaque objet en présente l'occasion ; chaque besoin la nécessite. Les objets échappent souvent ; les besoins sont à-peu-près satisfaits, mais pas toujours de la maniere qui plairoit le plus à l'enfant. Voilà les privations. Accoutumé aux caresses, aux frais qu'on fait pour l'amuser, s'il paroît s'obstiner, s'il résiste, un visage sévere, un ton positif, non seulement lui *offre un contraste désagréable*, comme on l'a très-bien dit, mais l'enléve à ce qui l'attachoit le plus ; que de petites peines pour une lueur de félicité ! Que d'idées ces futiles incidens produisent ! Il croyoit tout à lui, votre tems, votre personne; même chaque chose, dont il se sentoit préssé, de prendre possession. La force qui le servoit, n'étoit rien à ses yeux. La puissance qui le contraint, qui le prive, commence à le frapper. Il n'a pas plutôt subi le joug de l'autorité, que, sans bien concevoir l'étendue de sa foiblesse, il est blessé de votre supériorité. Ce mouvement, quelque machinal qu'il puisse être, fomente l'orgueil. Le premier desir anticipé sur l'avenir, est de vous égaler en pouvoir, & il se manifeste souvent par l'empressement de vous imiter.

C'est donc rarement, prévenance de la part de l'enfant, s'il essaie de soulever, de porter les choses à votre usage ; c'est plutôt envie de se rapprocher de vous, & de se croire utile ou nécessaire. Ce n'eſt pas non plus toujours ſingerie, s'il s'amuſe à contrefaire : on ne le voit guere prendre ſon modele, chez ceux qui le ſervent ; au contraire, il ſe venge ſur eux, de l'empire que vous exercez ſur lui. Leur familiarité ne tarde pas même, à lui paroître trop diſproportionnée, avec le reſpect qu'ils vous témoignent. Dès-lors il les prie, bien moins qu'il ne leur ordonne. Arrivé ainſi à la comparaiſon des choſes, long-tems avant celle des idées abſtraites ; réprimé par vous ſur ces objets, il ſe maſque déjà devant vous ; parce que l'orgueil & l'humiliation, ſont voiſins l'un de l'autre, pour celui qu'on domine ; & cette découverte amenée par des épreuves réitérées, eſt peut-être la premiere leçon de l'art. Les défauts comme les paſſions, ſemblent n'avoir que des effets ſubordonés à l'âge, & aux circonſtances. Dans l'enfance l'orgueil entraîne la diſſimulation, plus tard il la dédaigne, & la remplace par la dureté.

Quand on dit que l'amour-propre eſt le ſentiment le plus naturel, celui qui
s'empare

s'empare d'abord de l'esprit & du cœur ; on entend sans doute *l'amour de soi* ; distinction essentielle, que bien des lecteurs négligent de faire. Tout être chérit son existence, cherche son bien-être, s'applique à sa conservation, & se préfere intérieurement à tous les autres ; sur-tout dans l'état de nature. L'amour-propre vient bien se joindre à ce sentiment, comme défaut utile ou dangereux, selon ses degrés ; mais quelques unis qu'ils paroissent, il ne faut pas les confondre.

J'établis encore une grande différence entre l'orgueil & l'amour-propre ; l'un naît, ainsi que nous venons de le voir, du desir d'égaler les autres en force, de les surpasser en puissance. L'envie l'accompagne ; ils s'excitent réciproquement, & nuisent à tout, en s'étendant, si on ne les détruit. L'autre tient à l'opinion vraie ou fausse, que l'on prend de soi, & devient une arme facile à manier pour qui connoît l'espéce de délicatesse & de sensibilité qui en résulte ; car les qualités tiennent quelquefois de si près aux défauts,

Tome I. Y

qu'elles semblent en tirer leur origine. J'ai souvent observé, sans distinction d'âge, que les meilleurs naturels, étoient sujets à renfermer, infiniment d'amour-propre; tandis que les autres, n'avoient que de l'orgueil

Mais comment se développe l'amour-propre, ce germe si précoce ? Mille *petits riens* y concourent ; ces caresses, ces louanges ; cette admiration perpétuelle, que l'enfant remarque beaucoup plutôt qu'on ne croit. Sans savoir ce que c'est qu'esprit, il voit attacher de l'importance à tout ce qui lui échappe ; comment veut-on qu'il n'apprenne pas à s'estimer beaucoup, avant de se connoître ? La vanité d'ailleurs, a préparé ce développement, par tous les sots propos des gouvernantes, sur ce qui s'appelle ostentation, faste, opulence, titres, dignités & parure : l'enfant qui se prise déjà par ses accessoires, ne peut tarder a recevoir des impressions encore plus directes. Insensiblement il parvient à s'occuper assez de lui, pour rapporter tout à lui. Il s'accoutume aux adulations ; les recherche ; & s'offense, si on ne les lui prodigue. L'amour-propre s'établit donc sur les qualités, les graces, les talens, qu'on croit posséder. La vanité sur l'extension qu'on donne aux choses qu'on possede ; & l'orgueil sur l'ardent desir de dominer : celui-ci suppose à cet âge, le regret tacite de ce qui manque pour y parvenir, & souvent les larmes décelent ce regret.

Je n'ai jamais vu qu'une jeune personne, surprise de bonne foi, d'être trouvée jolie ; on le lui avoit si soigneusement caché, qu'avec de l'esprit, elle n'avoit songé à faire aucune comparaison ; & le premier préjugé pris sur sa figure, a toujours prévalu. Ce fait aussi exact que rare, m'a paru mériter la peine d'être cité. Il prouve que le prix que les enfans mettent aux avantages extérieurs, dépend absolument de l'idée qu'on leur en donne, & qu'ils peuvent les admirer dans les autres, sans connoître les leurs ; car si le *beau* frappe à tout âge, de même, le *joli* plaît. Il faut que la régularité, l'assemblage de certains traits, ait en foi un pouvoir dont l'impreffion devance le goût; & c'eft fans doute auffi, relativement aux chofes, ce qui fait que le goût devance le difcernement. «Chaque Nation, » dit M. de Buffon, a des préjugés diffé- » rens fur la beauté. Chaque homme a même » fur cela fes idées & fon goût parti- » culier; ce goût eft apparemment relatif » aux premieres impreffions agréables » qu'on a reçu de certains objets dans le » tems de l'enfance, & dépend peut-être » plus de l'habitude & du hazard que de » la difpofition de nos organes ».

Ainfi naiffent fucceffivement les défauts, par le concours des circonftances, à mefure que l'efprit acquiert la faculté de comparer; & plus l'examen devient profond, plus on découvre que c'eft par l'efprit qu'ils s'identifient au caractere. Les vertus femblent appartenir davantage aux élans de l'ame; à ce réfumé de différentes expériences; à ce fentiment actif d'un cœur qu'échauffe la reconnoiffance des bienfaits, puis le défir de les mériter ; & par gradations s'établit cet amour général du bien , qui porte avec lui son attrait & sa récompense.

Sentiment, tendresse, sensibilité, sont les mots les plus précieux de notre langue, en ce qu'ils expriment les qualités les plus précieuses de notre ame ; mais ces qualités ne se définissent que par leurs effets. Une puissance secrete les met en action ; sans que nous puissions leur assigner un siége, apperçu par nos sens, ni par notre intelligence. Indépendantes de notre volonté, il faut que nous en subissions toutes les affections. Heureux & malheureux ensuite par ces affections ; sans cesse réduits à les combattre, à les chérir, à les réprimer tour à tour ; ce sont indubitablement elles qui nous conduisent, à la connoissance du bien & du mal moral : connoissance plus tardive, que celle du bien & du mal physique. Cependant elle s'acquiert de même par l'expérience ; mais j'y entrevois cette différence, que relativement au physique, c'est par la peine qu'on arrive à l'idée du plaisir ; au lieu que le bien moral a quelque chose de si doux, de si captivant, même dans la pratique; qu'il est d'abord conçu, sous l'idée d'un bonheur, au dessus de tous les autres. Ainsi on a l'idée de la cessation, ou de la privation de ce bonheur avant de l'éprouver; & de même l'idée du mal moral, avant de le commettre; puisqu'il en est qu'on ne connoît jamais.

L'enfant qui annonce de l'ingratitude n'a encore rien senti, & c'est une chose assez rare dans ce premier âge, où les impressions sont légeres, mais faciles; où l'amour-propre d'ailleurs, ajoute au plaisir d'être aimé, & amene le besoin de le rendre. Généralement on a raison de le dire, nous aimons qui nous aime; & c'est peut-être plus à l'amour de la préférence, qu'à celui du bien-être, qu'il faut attribuer la reconnoissance. Il vient un tems où elle est fondée, sur ce que nous appellons sentiment; sur la connoissance des devoirs, ou sur les combinaisons de l'intérêt; mais dans l'enfance, je la vois infiniment plus rapprochée de l'amour-propre; & je la regarde comme le premier mouvement de cette senfibilité *personnelle*, qu'il faut bien diftinguer de la véritable. Celle-ci ne peut naître qu'au moment où l'efprit eft affez avancé, pour imaginer l'échange de fa pofition, avec la fituation des autres.

C'eft le premier acte d'union, entre l'efprit & le cœur; on fe plaît à nous le faire envifager, comme une fuite & une fource d'égoïfme; mais ne femble-t-il pas au contraire nous fortir de l'amour de nousmême, & enrichir notre ame de nouvelles affections? N'eft-ce pas alors que fe développe cette tendreffe, avec laquelle on partage, la joie ou les peines de fes proches; cette pitié, cette compaffion, dont les mouvemens & les effets font fi étendus? Alors pour la premiere fois, coulent ces larmes touchantes & délicieufes; fi différentes de celles qu'arrache aux enfans, l'angoiffe de la douleur, l'impatience de la contrariété, ou le chagrin du châtiment; fi différentes encore de ces larmes ameres qu'on répand pour fon propre compte; dans ces événemens rares & malheureux, dont on eft caufe innocente. J'entends donc parler, de ces mouvemens libres, d'un cœur qui commence à s'oublier. Celui qui a fait dire à Eugénie : *O mon cher époux, la joie a donc auffi ces larmes* ! a bien faifi cette forte d'impreffion neuve & inconnue, qui furprend fouvent à un tel point, que l'ame s'interroge avec étonnement fur ce qu'elle éprouve. Mais la jeuneffe accoutumée à voir traiter les larmes d'enfantillage, a prefque honte de celle qui lui échappent : & l'amour-propre rempli d'effets contraires, vient encore s'efforcer, de dérober cette charmante fenfibilité ; jufqu'à ce que enhardie par l'exemple, on découvre enfin que l'humanité eft la bafe, de prefque toutes les vertus. Voilà comme certains germes font étouffés au moment d'éclore. Des gens durs répriment ces mouvemens par leurs difcours; des gens froids négligent de les éclairer ; la bonté les nourrit ; mais il n'appartient qu'à la vraie philosophie, d'en perfectionner le développement.

Ces causes que notre éducation, rend si étrangeres à la nature, sont ordinairement rejettées, sur la différente trempe des caracteres. Ce n'est pas ici le cas d'en examiner les diversités ; innombrables à nos yeux, elles ne peuvent cependant pas toutes dépendre de l'organisation ; il faudroit admettre des dissemblances trop multipliées dans la structure des organes, dans la qualité des fluides : or en physique, les suppositions sont rarement permises. Peut-être est-il plus conséquent & plus vraisemblable, de rapporter la variété de ces nuances aux tems, aux mœurs, aux circonstances qui accompagnent l'enfance ; aux gens qui l'entourent, à ceux auxquels elle est subordonnée ; en un mot à la maniere dont les caracteres sont pris. Il se pourroit que comme les couleurs, réduites à un petit nombre de primordiales, ce fut le mélange seul, qui produisît la multitude des teintes, qui nous paroissent si incompréhenfibles. Mais le meilleur caractere fera toujours le plus naturel ; c'eſt-à-dire, le moins défiguré. Il n'eſt point de métal précieux, qui ne perde de ſa valeur, par le trop d'alliage.

L'exemple le plus frappant n'eſt pas celui qui inſinue le vice ; il produit ſur un caractere heureux, l'effet oppoſé de la haine ou de l'horreur. Mais cet exemple vu d'un peu loin, ou qui pour être apperçu, a beſoin de cette combinaiſon, de cette fineſſe avec laquelle on ſonde déja les intentions des autres : cet exemple, enfin, qui ne préſente que des dehors trompeurs, devient toujours plus dangereux, en raiſon des progrès du diſcernement. Pendant long-tems, le cœur ſuit pas-à-pas la marche de l'eſprit ; don ſi agréable & quelquefois ſi funeſte, qu'il eſt peut-être permis de demander, quel grand ſcélérat en a paru dépourvu.

Cette pente au mal, qu'on eſt habitué de mettre en avant, dans le diſcours comme dans les écrits, & que chacun ſoutient à ſa maniere ; les uns par forme d'excuſe, les autres par vanité, pour un obstacle vaincu ; cette pente au mal, dis-je, n'est donc fonciérement, pas plus innée que tout le reste, dans le cœur de l'homme : dépouillée des prestiges du langage qu'on n'approfondit jamais assez, voici à quoi elle peut se réduire. *Amour de soi mal dirigé ; foiblesse, & défauts de principes.* Voyons en les conséquences.

De l'amour de soi, naît l'intérêt personnel ; d'abord, pour ce qui est relatif à la conservation, puis à la jouissance, aux plaisirs ; à tout ce qui peut satisfaire soit les sens, soit la cupidité. Les moyens ne sont pas toujours faciles, le choix est délicat ; aussi ce sont presque toujours les moyens qui nous perdent. Quelques leçons ou trop séveres, ou trop vagues, peuvent, il est vrai, opposer une sorte de frein à ces desirs impétueux de la jeunesse. Supposons-la retenue, si l'on veut, autant par l'idée du mal, que par la difficulté de s'y livrer ; la voilà néanmoins flottante, entre la crainte & le desir. Mais bientôt ses regards inquiets, se tournent sur la conduite, de ceux qui la contiennent; elle femble y chercher, où la condamnation de fes goûts, ou la confolante certitude, que le préjugé feul les combat; & ce feul mot de *préjugé*, (dont l'abus eft fi grand, fi aifé à cet âge) lui fournit un foupçon qui ne tarde pas, à miner fourdement tous principes. Suit enfin l'apperçu de quelques contradictions, entre les leçons & la pratique; dès ce moment les réflexions furviennent en foule; la confiance acheve de fe perdre; & fi le cœur balance encore, la foibleffe étant le propre de l'incertitude, le plus léger confeil entraîne infailliblement fans retour.

Il eft donc évidemment démontré, que ce qu'on appelle improprement *pente au mal*, n'eft que le réfultat de trois caufes dépendantes de vous; puifque deux font votre ouvrage, & qu'il vous étoit facile de diriger l'autre. Mais les peres s'arrogent tous un recours fur la perverfité de l'efpece humaine. « Voyez, difent-ils, » la baffeffe des inclinations de cet en- » fant, la fougue du caractere de celui-ci;

» cet autre eſt dur, cruel, emporté, im-
» domptable ».

Effectivement, les caracteres qui ſe décelent, par des mouvemens ſi marqués, tiennent beaucoup à l'organiſation ; mais je nie,
avec M. Rouſſeau, que la cruauté puiſſe
être annexée à l'enfance. Je rapporte au
phyſique la fougue d'où peut naître l'em-
portement ; j'avoue que la dureté peut
en devenir la ſuite : que ces enfans, le
moins heureuſement conſtitués pour le
moral, ne ſont peut-être jamais auſſi bons
que les autres ; & qu'étant ſouvent mal
conduits, ils deviennent quelquefois méchans. Quant à la baſſeſſe des inclinations,
n'eſt-elle pas toujours due à cet état
d'apathie, dans lequel on laiſſe végéter
l'enfance, au milieu des gouvernantes &
des domeſtiques ? C'eſt-là qu'ils prennent
l'avant-goût de la flatterie, des rapports,
de la fauſſeté ; l'habitude du menſonge ;
& cette langueur, qui rend les opérations
de l'eſprit plus tardives, qui empêche
qu'aucun deſir actif ne s'éveille : alors il
faut bien que l'ame reſte foible, petite,

engourdie, & que le plaisir se trouve, dans les seules choses qui l'ont fait connoître.

La bonté elle-même, cette qualité si précieuse, compagne ordinaire de la douceur, n'est pas toujours exempte de foiblesse ; sur-tout dans l'âge, où l'on ne sait encore, ce que c'est que modération. Il ne faut pas croire que ce soit uniquement la vertu des sots. On est bon & foible avec de l'esprit; on est bête, & mauvais avec une sorte de finesse ; on est bon & bête sans discernement ; mais la vraie bonté appartient à l'homme sensible, dont l'esprit est analogue au caractere; c'est-à-dire, à l'homme qui a de la justesse dans les idées, & de la justice dans le cœur. On arrive à l'une par une longue suite de comparaisons, & à l'autre par l'expérience. Néanmoins l'épreuve du juste, & de l'injuste, ne suffit pas pour produire ce sentiment de justice, combiné avec la justesse qui distingue, & la bonté qui exécute. Cet heureux ensemble exige, comme on le voit, trois développemens que la nature abandonne à nos foins. J'ai démontré ailleurs qu'il en est de même de toutes les vertus ; qu'on ne les rend folides, utiles, & actives, qu'en aidant la jeuneffe à fe former des principes ; mais j'obferve ici qu'on a toujours befoin des facultés de l'efprit. Dès que les fonctions de l'intelligence humaine, ont acquis leur développement ; l'efprit eft le grand reffort, par lequel tous les autres font mus. Le cœur feul, ofe quelquefois lui difputer l'empire ; mouvement inconnu, fource de contradiction que la raifon déplore, & que le plus fouvent les paffions concilient !

Mais comment fe peut-il que l'efprit foit fi néceffaire, & qu'il foit fi rare ? que les vertus & les vices, foient fi dépendans de l'éducation ; que celle-ci paroiffe fi négligée, & que les vices ne foient pas encore plus communs ? Rien ne prouve peut-être mieux ce qu'avance un homme célebre, *que tout homme eft bon, fortant des mains de la nature,* puifque malgré le relâchement des mœurs, l'ame avec si peu de principes qui la défendent de la contagion, semble si souvent lutter contre le torrent, & résister à la force de l'exemple. Quelle autre solution donner à cette question morale, qu'éleve quelquefois la philosophie, comme le malheureux qui après son naufrage, s'étonne de n'avoir pas tout perdu ?

Quant à l'esprit, je réponds que ce mot a différentes acceptions, plus ou moins étendues. En général on y rapporte une grande partie des opérations de l'ame. Voir, appercevoir, concevoir, retenir, comparer, juger, imaginer, créer. Puis on distingue ces facultés, en mémoire, jugement, perception, imagination & génie. Avoir de l'esprit, proprement dit, c'est exécuter presque toutes ses fonctions avec promptitude ; c'est embrasser du même coup d'œil les rapports des choses les plus dissemblables ; saisir les dissemblances, des choses les plus analogues. Joindre ensuite, à cette facilité de concevoir & de comparer, le talent, de rendre ses idées avec précision ; s'exprimer avec

avec grace, gaité, ou enjouement; c'est être à la fois homme de beaucoup d'esprit, spirituel, fin, & aimable : mais toutes ces qualités peuvent se trouver séparées, & c'est ce qui forme les différens caracteres de l'esprit.

On est spirituel, avec de la finesse & de l'imagination. Les idées sont nettes, gaies, vives, plaisantes; elles ont une teinte d'originalité, même en manquant de force : ce sont des saillies, plus que des raisonnemens.

On apperçoit, on entend finement, & l'on est plus propre à faire valoir l'esprit des autres que le sien; parce que les idées sont fournies par eux; qu'on voit bien, mais qu'on imagine peu : néanmoins lorsque la réflexion & la philosophie, s'assimilent à ce genre d'esprit, il pénetre très-avant dans le cœur humain.

Observons cependant en passant, que ce qu'on appelle finesse, est susceptible de distinction. Dans l'enfance ce n'est qu'une malice, qui dénote de l'imagination : dans l'âge mûr c'est une grande aptitude de l'ame à faisir les objets. Mais il est deux fortes de finesses dangereuses & méprisables; l'une propre aux méchans, qui tient de la malignité de l'intention ; l'autre particuliere aux sots, qui part de la défiance, & produit la ruse.

On a quelquefois de l'imagination avec peu d'esprit, & point de finesse. Ceux-là ne faisissent que le côté favorable pour plaire & amuser : rarement ils s'affujétissent à comparer, & toujours ils manquent de tact, faute de jugement.

D'autres ont du jugement & manquent encore de tact; c'est-à-dire, qu'ils ont un sens droit, qu'on ne répute jamais pour esprit, parce qu'il n'intéresse personne; qu'il n'est utile qu'à la conduite personnelle. C'est pourtant une portion d'esprit bien essentielle, puisqu'il faut bien voir & bien comparer, pour bien juger. Mais ces opérations se font assez lentement ; beaucoup de petits apperçus échappent; on prévoit peu, les vues sont bornées, & la diction est toujours pesante.

Le tact appartient à un jugement plus

fin, plus délicat, & ne s'en sépare jamais. Il s'applique au discours, à la plupart des actions privées, & devient la sauve-garde de l'amour-propre; mais ce n'est pas la qualité, la plus commune aux gens d'esprit, sans doute parce qu'elle exige la réunion de beaucoup d'autres; comme l'usage du monde, l'habitude de juger les hommes, & une certaine sensibilité, qui éclaire sur celle d'autrui.

Le goût est une autre sorte de tact relatif aux choses: dès qu'il est formé il suppose le jugement qui discerne, l'esprit qui conçoit; mais il en est si distinct, il supplée si souvent aux connoissances; celles-ci en sont quelquefois si isolées; qu'on pourroit appeller le goût *le sentiment de l'esprit*, s'il étoit permis de rendre ce terme *générique*, pour les qualités simples, qu'on ne peut pas définir.

Voilà donc plusieurs fonctions particulieres de notre intelligence, qui distinguent le jugement proprement dit, en trois espece. Mais il y a encore une grande différence, entre manquer de jugement,

& avoir l'esprit faux : l'un ne voit rien ; l'autre voit mal, & toujours mal : c'est une certaine gaucherie, qui s'étend jusqu'aux actions. Cette gaucherie de discours, paroît être en général si naturelle à la servitude, que je serois tenté de la rapporter à l'esprit de contrariété, qu'entraîne un joug, qu'on supporte difficilement. Dans le monde, où l'on est souvent à portée d'observer la relation, des extrêmes les plus opposés ; il est aisé de remarquer que l'amour de la domination conduit aussi à embrasser, ou à se former les opinions les plus fausses ; & quand l'envie de primer a commencé l'ouvrage, l'habitude acheve le reste.

L'esprit faux & les idées confuses, chacun dans leur genre, sont le fléau de la conversation. Ce dernier vice de l'intelligence est bien commun. Beaucoup de gens, nés peut-être pour avoir de l'esprit, faute d'avoir été aidés dans la maniere de raisonner, restent avec des opérations si lentes, qu'ils sont réduits à parler avant de penser. Alors rien ne s'acheve ni dans la tête, ni dans le difcours; car la penfée eft compofée de plufieurs idées ; & elle ne peut être ni formée ni rendue, qu'après que celles-ci font bien difcernées.

C'eft donc à la réunion d'une certaine portion de juftefle, de fagacité, d'imagination, de goût & de facilité à dire, qu'il faut rapporter l'efprit naturel ; le plus charmant de tous les efprits, pour la fociété. Avec du feu, de la vivacité fans prétentions, de la grace fans ornemens ; il reffemble à ces heureufes productions de la nature, que le goût avertit l'art de refpecter : comme elles encore, foit que les circonftances s'oppofent à fon développement, foit que ce qu'on penfe y ajouter le défigure, il eft affez rare, même beaucoup plus rare, que l'efprit cultivé. Celui-ci n'en differe cependant, qu'en ce qu'il exige moins d'imagination, & qu'il renferme plus de mémoire; car il faut du goût pour le choix. Ce goût fuppofe de la juftefle ; & la grace de l'expreffion n'appartient gueres qu'à

Z iij

une perception vive. Mais toujours plus glorieux de ce qu'on se doit à soi-même, que des dons naturels; il arrive trop fréquemment, qu'on abandonne son propre esprit pour celui des autres ; & ce sont ces larcins continuels, ces citations fatigantes, qui rendent quelquefois les gens instruits si à charge : s'ils n'ont que de la mémoire, c'est bien pis. Un sot qui a lu n'est plus supportable. L'homme qui a véritablement de l'esprit & du savoir, se sert bien plus de l'un, que de l'autre : on plaît davantage, ou plus généralement, avec cette apparence de modestie, quoique ce ne soit souvent qu'un amour-propre bien entendu.

L'homme de génie sur-tout ; l'homme sublime, est toujours simple. On a très-bien-dit qu'*il ressemble à tout le monde, & que personne ne lui ressemble*, c'est l'enfant de la nature caressé par l'art, mais qui ne lui a jamais été subordonné. On naît avec le génie, il ne s'acquiert point : néanmoins une infinité de circonstances peuvent concourir à le développer.

Il en est de toutes les différentes sortes d'esprit, comme des caracteres; elles dépendent beaucoup des positions où l'on s'est trouvé.

Tel qui est doué des qualités principales ; j'entens cette perception prompte ; cette finesse dans les apperçus ; cette justesse dans les comparaisons ; ce goût, ce tact, cette aptitude à tout ; & ces ressources d'une imagination féconde, qui enrichit l'esprit de nouvelles idées : tel, dis-je, avec tous ces dons, peut encore ne paroître dans la société qu'un homme ordinaire ; car le talent de bien dire, tient bien moins à la nature, qu'à l'habitude de communiquer ses pensées ; quiconque se forme seul, s'ignore long-tems lui-même. Les idées ont beau s'étendre ; l'esprit prend un caractere de réflexion qui le concentre : peu accoutumé à intéresser, on contracte une certaine paresse de dire ; ensuite on éprouve d'autant plus de timidité, & d'embarras, que cette maniere d'être, donne aux idées, une rapidité très-nuisible au débit agréable.

La parole n'est jamais assez prompte ; & la pensée qui succede, fait échapper l'expression propre, à la pensée précédente. De là vient, probablement, que tant de gens écrivent mieux qu'ils ne parlent ; plus entiérement à eux dans le cabinet, quelque croisée que puisse être une idée par mille autres, ils suivent toujours le fil de la premiere ; parce que cent distractions n'empêchent point de revenir sur ses pas, & qu'une seule suffit pour faire incident, dans le narré d'une conversation.

Avec un peu plus d'amour-propre, on remédieroit en très-peu de tems à cet inconvénient, qui fait soupçonner l'esprit de stérilité ; & qui peut n'avoir pour cause, que le trop d'abondance. Beaucoup de gens qui se défient de leur médiocrité, ont recours au moyen que j'indiquerois aux autres : c'est celui de causer seul ; non pour préparer le matin, ce qu'ils diront le soir ; mais pour se former à l'habitude de captiver son imagination, & pour se rendre l'expression familiere. Peut-être néanmoins est-il difficile d'en revenir à s'exercer ainsi, quand les circonstances n'excitent pas l'émulation ; & que fonciérement on se soucie moins de plaire, que de s'occuper.

L'éducation de l'esprit, les méthodes qu'on emploie, contribuent donc infiniment à l'amabilité. Mais la culture de l'imagination ne suffit pas, puisque les gens de lettres ne sont pas toujours aimables ; & que souvent même, ils parlent assez médiocrement de ce qu'ils ont le mieux traité. C'est que d'un côté il s'en faut bien qu'on doive parler, comme on écrit ; & que de l'autre le défaut de communication des idées, est le plus difficile à réparer. Les hommes les plus brillans, ont presque toujours vécu dans un cercle de gens, accoutumés à la discussion : les plus aimables, sans être les plus instruits, ont passé leur vie dans le grand monde, où leur imagination a pris l'essor, avec leurs premiers succès. Mais à côté de ceux-ci, m'objectera-on, dans la même classe, se trouvent des esprits lourds, des gens bornés, & en beaucoup plus grand nombre. C'est ce qui devroit nous ramener à la premiere proposition que *l'esprit est assez rare quoique nécessaire à tout.* Cette nécessité absolue, répondrai-je, démontrée par l'usage & les secours, sans lesquels l'homme reste au-dessous de la brute, doit convaincre que nous naissons tous, avec une portion d'esprit quelconque : portion déterminée sans doute d'abord par l'organisation, & qu'une infinité de circonstances concourent ensuite, à étendre ou à restraindre. Il est certain que ces facultés intellectuelles, après avoir servi au développement de notre être, semblent quelquefois anéanties par cet effort ; mais souvent elles ne sont qu'engourdies. J'ose donc croire, qu'aucun enfant ne naît décidément bête, à moins qu'il ne reste imbécile ; & que le jugement, la mémoire, l'expression, même la perception dans un certain degré, sont autant de facultés qui dépendent de nos soins. Mais nous secondons si mal la nature, que nous sommes forcés de l'accuser. Combien cependant, ne faut-il pas qu'elle offre de ressources à la jeunesse, pour que l'esprit arrive seul, même au point de médiocrité où il reste souvent !

Qu'on ne s'y trompe point, ce n'est pas à la seule différence que l'âge établit dans les goûts, ni dans les passions, qu'il faut rapporter l'étonnement qu'éprouve l'homme fait, en se rappellant la maniere dont il a envisagé certains objets ; le pouvoir que ces objets ont eu sur lui ; & l'empire des événemens, qui l'ont tant de fois rendu dupe des apparences. Il vient un tems, où un second rideau, peut-être plus épais que le premier, semble se tirer d'une maniere sensible. Chaque faute alors, devient une expérience. Le besoin qu'on a de connoître les hommes, force à rentrer dans son propre cœur. Ce premier pas vers l'examen, conduit à la réflexion ; celle-ci entraîne la nécessité de peser la valeur des plaisirs, qu'on qualifioit de bonheur : à mesure que la tête se mûrit, le goût se forme ; &

cette métamorphose dans les idées ; ce changement dans les actions ; cette réforme dans la conduite , qu'on prend pour l'ouvrage du tems, distingué par les années, n'est plus ou moins tardif, qu'en raison des progrès que fait l'esprit, vers son dernier degré de maturité. Mais peu d'hommes d'esprit restent long-tems frivoles ; tandis que les gens médiocres, ne sont corrigés que par la force du ridicule. Si quelques êtres bornés semblent plus raisonnables, c'est que d'un côté, ils ont communément moins de passions ; & que de l'autre, peu recherchés dans les sociétés, l'amour-propre leur fait éprouver le dégoût de toutes les choses, dans lesquelles ils s'appercoivent, qu'ils sont comptés pour rien.

Ainsi se passe la vie, partie à errer, partie à reconnoître ses erreurs ; & les deux termes les plus éloignés, sont encore quelquefois si semblables, qu'ils restent également perdus pour le cœur, l'esprit, & la raison. Notre enfance, même par rapport à nous, est comme séparée de la durée de notre exiſtence. La nature a cela de commun avec la fortune ; toutes deux font de riches parvenus, qui oublient également les premiers tems, où ſans avoir ſemé, ils ont commencé à recueillir, puis à amaſſer ; & la jouiſſance ſeule, leur paroît digne de faire époque.

Communément on agit, on voit, on penſe par les autres, juſques dans l'adoleſcence. Entiérement ſubordonnée, la volonté ſe tait, l'imagination erre, l'eſprit rampe, les paſſions dorment ; mais quel inſtant que celui de leur réveil ! C'eſt l'étincelle qui cauſe l'incendie ; ou le doux crépuſcule qui vient éclairer les ténébres. Alors les uns renverſent les barrieres, les autres les ſoulevent, chacun à ſa maniere s'empreſſe de jouir. La puiſſance intérieure à peine éveillée, s'irrite contre les obſtacles qui la tiennent captive. On veut prendre poſſeſſion de ſon être, en uſant de toutes ſes facultés, l'ame s'évertue, le cœur ſe dilate, le diſcernement s'accroît, l'eſprit s'étend, l'imagination prend son essor. On croit penser parce qu'on agit ; sentir parce qu'on desire ; juger parce qu'on a des préférences : O moment dangereux & funeste, où tout n'est qu'illusion ! c'est toi qui fais le bonheur ou le malheur de notre vie ! Semblable à ces feux qui trompent le voyageur pendant la nuit, chaque rayon de lumiere n'est qu'un fanal perfide: la vertu va se briser contre les écueils qu'il masque ; & cette tardive raison trompée, ou engourdie par ce charme séducteur, des passions toujours renaissantes ; cette tardive raison, dis-je, n'acquiert souvent d'empire qu'aux dépens des revers. Fille de l'expérience, compagne du jugement, mais peu active; c'est une eau pure, qui semble attendre de l'occasion, l'issue favorable ; non encore pour répandre le calme ; mais seulement pour amortir les feux. Car avec la raison, naissent ordinairement les regrets. C'est en les nourrissant, qu'elle rappelle les vertus ; c'est par cet entier retour, qu'elle rend à l'ame, cette force, cette vigueur qui l'éleve ; à l'efprit, cette juftefle qui le diftingue ; au cœur, ce fentiment profond, cet amour incorruptible de l'honnête ; à la confcience, ce befoin de fe faire entendre : & c'eft ainfi que le bonheur de l'homme fait, devient, non comme on le penfe, l'ouvrage du tems, de la fortune, des événemens ; mais celui de cet heureux concours de vertus, qui le font jouir ; de qualités, qui le font aimer ; & d'affections tendres, qui doublent fon exiftence ; jufqu'au terme, où après avoir vécu content, il fait encore mourir tranquille.

Fin du premier Volume.

APPROBATION.

J'AI lu par ordre de Monseigneur le Garde des Sceaux un Manuscrit intitulé: *Traité de l'Education des Femmes, & Cours complet d'Instruction*; & je crois que, dans ce premier Volume, le Lecteur verra avec reconnoissance, tracés par une plume vraiment patriotique, les principes les plus lumineux & les plus solides, qui ne peuvent que concourir à la réforme de nos mœurs, en présentant le juste apperçu d'une Éducation honnête & vertueuse. Donné à Paris ce 15 Juin 1778.

Signé, LOURDET, Professeur Royal.

PRIVILEGE DU ROI.

LOUIS PAR LA GRACE DE DIEU, ROI DE FRANCE ET DE NAVARRE: A nos amés & féaux Conseillers, les Gens tenans nos Cours de Parlement, Maîtres des Requêtes ordinaires de notre Hôtel, Grand-Conseil, Prévôt de Paris, Baillifs, Sénéchaux, leurs Lieutenans Civils, & autres nos Justiciers qu'il appartiendra: SALUT. Notre amée la Dame ***, Nous a fait exposer qu'elle désireroit faire imprimer & donner au Public un Ouvrage de sa composition intitulé: *Traité de l'Education des Femmes*; s'il Nous plaisoit lui accorder nos Lettres de Privilege à ce nécessaires. A CES CAUSES, voulant favorablement traiter l'exposante, Nous lui avons permis & permettons de faire imprimer ledit Ouvrage autant de fois que bon lui semblera, & de le vendre, faire vendre par-tout notre Royaume. Voulons qu'elle jouisse de l'effet du présent Privilege, pour elle & ses hoirs à perpétuité, pourvu qu'elle ne le rétrocéde à personne; & si cependant elle jugeoit à propos d'en faire une cession, l'Acte qui la contiendra sera enregistré en la Chambre Syndicale de Paris,

Paris, à peine de nullité, tant du Privilege que de la cession; & alors par le fait seul de la cession enregistrée, la durée du présent Privilege sera réduite à celle de la vie de l'Exposante ou à celle de dix années, à compter de ce jour, si l'Exposante décéde avant l'expiration desdites dix années. Le tout conformément aux articles IV & V de l'Arrêt du Conseil du trente Août 1777, portant Réglement sur la durée des Privileges en Librairie. Faisons défenses à tous Imprimeurs, Libraires & autres personnes de quelque qualité & condition qu'elles soient, d'en introduire d'impression étrangère dans aucun lieu de notre obéissance; comme aussi d'imprimer ou faire imprimer, vendre, faire vendre, débiter ni contrefaire lesdits Ouvrages, sous quelque prétexte que ce puisse être, sans la permission expresse & par écrit de ladite Exposante, ou de celui qui la représentera, à peine de saisie & de confiscation des exemplaires contrefaits, de six mille livres d'amende, qui ne pourra être modérée pour la premiere fois, de pareille amende & de déchéance d'état en cas de récidive, & tous dépens, dommages & intérêts, conformément à l'Arrêt du Conseil du 30 Août 1777, concernant les contrefaçons. A la charge que ces Présentes seront enregistrées tout au long sur le Registre de la Communauté des Imprimeurs & Libraires de Paris, dans trois mois de la date d'icelles; que l'impression dudit Ouvrage sera faite dans notre Royaume & non ailleurs, en beau papier & beau caractere, conformément aux Réglemens de la Librairie, à peine de déchéance du présent Privilege: qu'avant de l'exposer en vente, le manuscrit qui aura servi de copie à l'impression dudit Ouvrage, sera remis dans le même état où l'Approbation y aura été donnée ès mains de notre très-cher & féal Chevalier Garde des Sceaux de France, le Sieur Hue de Miroménil; qu'il en sera ensuite remis deux exemplaires dans notre Bibliothéque publique, un dans celle de notre Château du Louvre, un dans celle de notre très-cher & féal Chevalier Chancelier de France, le Sieur de Maupeou, & un dans celle dudit Sieur Hue de Miroménil: le tout à peine de nullité des Présentes; du contenu desquelles vous mandons & enjoignons de faire jouir ladite Exposante & ses hoirs, pleinement & paisiblement, sans souffrir qu'il leur soit fait aucun trouble ou empêchement. Voulons que la copie des Présentes, qui sera imprimée tout au long au commencement ou à la fin dudit Ouvrage, soit tenue pour duement signifiée, & qu'aux copies collationnées par l'un de nos amés & féaux Conseillers Secrétaires, foi soit ajoutée comme à l'original. COMMANDONS au premier notre Huissier ou Sergent sur ce requis, de faire pour l'exécution d'icelles, tous Actes requis & nécessaires, sans demander autre permission, & nonobstant clameur de Haro, Charte Normande, & Lettres à ce contraires. CAR tel est notre plaisir. DONNÉ à Paris le premier jour de Juillet, l'an de grace, mil sept cent soixante-dix-huit, & de notre Regne le cinquieme. Par le Roi en son Conseil. *Signé*, LE BEGUE.

Regiſtré ſur le Regiſtre XX, de la Chambre Royale & Syndicale des Libraires & Imprimeurs de Paris, N°. 1070, fol. 562, conformément aux diſpoſitions énoncées dans le préſent Privilége; & à la charge de remettre à ladite Chambre les huits Exemplaires preſcrits par l'Article LVIII, du Réglement de 1723. A Paris, ce 4 Juillet, 1778.

Signé, *A. M.* LOTTIN *l'aîné*, Syndic.

De l'Imprimerie de Ph.-D. PIERRES.

www.ingramcontent.com/pod-product-compliance
Lightning Source LLC
Chambersburg PA
CBHW052034230426
43671CB00011B/1651